本书受中国人民大学科学研究基金项目暨中央高校基本科研业务费专项资金支持

百家廊文丛

BAIJIALANG WENCONG

数据时代的顾客关系管理及模型

韩冀东◎编著

中国人民大学出版社

·北京·

序言一　这是本写什么的书？

2006年的时候，依靠中国人民大学“211工程”建设的支持，我和成栋老师合写了《客户关系管理探析》一书。十年后再翻开此书，感觉很多地方没有说透彻。

在这十年中，我一直没有再动笔的想法。我在各大网上书店搜索过有关顾客关系管理的书籍，感觉这是一个十分成熟的领域，看起来似乎没有什么值得再说的事情了。

最近五年，我补充了一些自我训练，又因为数据的事情和若干公司打交道，对顾客关系管理有了一些新的认识，感到有必要梳理一下在这个领域企业能够用到的研究成果，节约读者找资料要花的时间。回想我自己补充训练时经历的痛苦，我也觉得有必要帮对这个领域感兴趣的人稍微降低学习的门槛。基于数据的时代来临后，做决策时面临的顾客需求和竞争对手都发生了很大的变化，企业的管理者也是时候更新观念、升级工具了。

我想在序言里把本书的写作背景做个交代。理解了这些，读起本书来就会顺畅很多。读者也更容易理解为什么现在有必要重新提顾客关系管理了。

本书所说的“顾客关系管理”不是什么？

本书内容按照大类来讲，属于顾客关系管理（customer relationship management，CRM）领域。根据用词的差别，也有叫“客户关系管理”的，用“消费者关系管理”也没有问题。

很明确的一点是，本书探讨的不是字面意义上的“大客户关系管理”，尤其不是“如何与大客户维系良好关系”，更不是“如何跟客户搞好关系”。如果读者关心的是上述领域的内容，本书完全不适用。

跟客户（尤其是大客户）维系良好关系，是 B2B 营销的前提和重点。维系关系所依赖的基础信息，通常由销售人员自己记录或者存储在公司内部信息系统中。现在有多种现成的 CRM 软件可以满足存储的需求，如果有好的分析方法也能充分发挥这些信息的作用，但本书不是瞄准这个领域。

本书主要针对的是消费者的关系管理，属于 B2C 领域。与 B2B 不同，消费者的日常消费决策不会花太长时间，很多时候决策未必理性。而且，消费者人数众多，卖方很难像 B2B 领域那样，指派专人来收集、记录特定消费者的信息。这个时候企业更多地依赖信息系统，用计算机程序而不是人来完成各种分析。

本书的“顾客关系管理”关注什么?

本书主要关注顾客关系管理四个方面的问题：第一，顾客什么时候来？如果顾客到时候没来，企业要采取什么营销手段施加影响？第二，顾客对企业的价值是什么？这涉及企业维系顾客关系的成本，也涉及顾客和企业维持交易的时间长度，核心是预测顾客的流失时间。第三，如何衡量和善用顾客之间的相互影响？企业可以据此获取新顾客、维系老顾客。第四，应该向顾客推荐什么产品？顾客有可能因为看到合适产品而来，也可能因为找到满意产品而产生购买行为。产品推荐本身就是获客和维系关系的重要手段。

上述四个方面的问题并不难回答。有经验的销售人员通过对某个顾客的长期观察，通常能够就这个顾客给出上述问题的答案。但是当顾客数量很多或者面对的是新顾客时，仅仅依靠销售人员的经验和记忆就行不通了。这就需要用合适的计算方法来分析数据，支持销售一线的决策。

本书和现有 CRM 书籍的区别是什么?

顾客关系管理并不是个新领域。学者们在这个领域已经深耕了几十年，发表了非常多的中英文论文。这个领域出版的书籍也非常多，快要到汗牛充栋的程度了。

CRM领域的书籍虽多，但多数谈的是如何收集和存储顾客信息，对于如何处理这些信息则浅尝辄止。一些数据挖掘或机器学习的书籍，是从数学或计算机科学的视角讲述数据分析方法。这些书对数据代表的商业本质反映不足，目前还难以满足管理者的需求。

我还算是个比较勤奋读书的人，但当我试图解决企业遇到的CRM问题时，却常常有无力感，难以找到解决问题的办法。既然学术研究成果已经很多，为什么还会出现这样的情况呢？

原因在于，当CRM从理念推进到实际应用时，会涉及模型建立和数据处理。学者们用了很多的数学公式、概率分布来表述相关的思想。看论文的人，如果没有受过充分的学术训练，很难看懂。除此之外，因为学术论文是写给同行看的，同行之间有很多约定俗成的表达方式，外人并不了解。受制于论文的篇幅，作者通常会把论文所针对的业务情境抽象成公式，这样才能抓住问题的本质，同时适应性也更广。这会导致读者即便有了足够的数学甚至研究方面的训练，如果没有足够的企业阅历，也常常难以完全理解作者在做什么和为什么这样做。换句话说，就是读者通过阅读学术论文来提高自身CRM能力的门槛太高了：数学基础不足，会看不懂公式；好不容易看懂了公式，如果没有营销方面的学术训练，也很难理解作者为什么要这样做；即便数学基础和学术训练都有了，如果没有足够的企业阅历，就算论文看懂了，仍不知道如何把论文的结论应用到企业实践中去解决实际问题。

既然从理念落实到操作要越过的门槛如此之高，多数书籍为了确保内容的可理解性，同时也为了使得内容有趣、能够吸引足够多的读者，自然需要简化或者删掉不易理解的模型和数据分析方法。只是企业想要应用CRM理论改进实践时，离了这些模型和数据分析方法，仅靠理论就无法发挥出CRM的作用。

本书关注的是分析数据的具体方法，试图帮助企业把收集、存储的顾客信息应用到改善业务中，相当于在顾客信息和业务实践之间架设桥梁。但不是用讲理论的模式，而是通过模型和算法，把数据和业务结合起来，展示数据和决策之间的逻辑关系。本书从业务的视角，通过解读与CRM实践密切相关的数据分析模型，帮助企业分析手头的顾客数据，发挥这些数据在获取新顾客、维系老顾客和拓展新业务上的业务价值。从这个意义上说，本书是一本“写给管理者的业务视角的模型书”。

这本书是写给谁的?

数据时代有很多好处，但也让很多人感觉到不适应。企业的高层管理者听到很多新模式、新名词，内部会议中也常有新提法。他们虽然不用去做具体的事情，但也迫切希望了解新事物背后的逻辑和玩法，以便决定是否投入资源或者转变原有模式。营销领域传统的中层管理者面临很大的挑战，感觉走在前列的其他一些行业已经渐行渐远。他们想要照搬“先进”行业的成功做法，但因为不明白人家内部的底层操作，始终不知道怎么落地。新招进的年轻人，又反复提到模型、算法，让这些中层管理者听起来更是一头雾水。两个层次的管理者都迫切希望理解数据的丰富所带来的企业管理和运营的变化，至少要能明白新模式的逻辑才好放手让年轻人去尝试。除此之外，营销领域的员工多数也不理解基于算法的营销活动背后的逻辑，很难据此改变自己的模式并更好地适应从数据出发制定营销策略。

本书想帮助高层和中层管理者理解基于数据建立、维系和拓展顾客关系的底层分析逻辑。有了这个基础，他们就更容易理解数据时代顾客关系管理的新模式、新要求，就能据此调整企业的管理和运营模式，并决定在哪些领域投入资源。本书也面向那些实际负责数据分析的人，他们即便能够运用现成的模型和算法，也未必能够理解背后的逻辑和道理。当遇到不同的业务类型或业务模式时，如何根据业务选择合适的模型就尤为重要。

希望通过本书的解读，能够帮助读者实现三个目标：第一，把数据和业务联系起来；第二，看懂各种符号和公式指向的数据和业务实践；第三，通过数据分析的结果改善实践。

从上述目标可以看出，本书希望用企业中的人能看懂的模型讲清楚CRM的逻辑。尽量通俗易懂、降低阅读模型的门槛是本书始终坚持的原则。

本书不打算讲CRM的重要价值（虽然会从大数据的角度反映出来），

也不打算讲 CRM 如何收集数据之类的实际操作。本书想讲的是 CRM 计算的细节，也就是在理念性的意义和实际性的操作之间架起桥梁。意义，大家已经认识到，没有再说的必要；基于软件的操作乃至背后所用的模型常常只能满足某些行业的要求，这也是为什么软件的卖点常常是强调专为某个行业设计。企业的管理者常常会困惑：在某个行业用得很好的 CRM 软件为什么到了我这个行业就不太有效了？本书打算把理念层面的意义留给以往的书籍来谈，把操作层面的事情留给软件行业或者数据挖掘的书籍来谈。本书只讲与业务逻辑和模型建立、改进有关的事情，目的是把这个领域的阅读和学习门槛降下来，让更多的人能够理解相应方法并应用到实践中，实打实地提高企业业绩。虽然本书很强调数据，但与大数据收集、存储有关的部分不是本书的关注点；如何提高数据的处理速度，也不是本书的关注点。本书只关注营销变量之间的逻辑，所有模型也是为了表达和使用这些逻辑而建立的。

本书思想和模型的来源是什么?

与通常的著作体现的是作者的思想不同，本书不是笔者的研究或者思想集成。书中所有解决问题的思想和模型都来自前人研究。本书不是写给同行的纯学术著作，而是写给管理者的。管理者关心的是怎么解决问题，而不是解决方法的来源。因此，本书很少提及专有名词和所引用模型的来源和作者。但必须承认，本书提及的思想和解决问题的模型全部来自现有的相关研究。笔者的贡献只有两点：第一，读完 CRM 领域的相关论文并从中选出与解决实际问题密切相关的那些；第二，把这些抽象的论文还原为实践场景，通过补充实践数据，用最通俗易懂的说法把论文中模型的思想讲清楚。

本书的核心内容说的都是这个领域的前人研究，重点是解释每个具体研究背后的逻辑和思路，是对这个领域主要研究的复盘和落地。从这个意义上说，本书是站在巨人肩膀上写就的，是对前人研究的注释，类似于名著解读之类的书籍，只不过选择的是 CRM 领域。解读的也不是名著，而是包括各种来源的能直接用于改善实践的研究论文。

虽然偶有牢骚，但我由衷感谢中国人民大学的支持!

我一直比较懒散，虽然愿意钻研，但自己弄明白以后兴趣就会转到新的领域，懒得再写出来了。这次正好赶上中国人民大学支持教师回顾之前的工作，还提供了出版机会，正好督促我把所学所想整理出来。

2006年，由中国人民大学提供支持，我出版了一本有关这个主题的书。十年后，中国人民大学又一次提供了“东风”，促成了本书的写作。这一写又是断断续续的几年，感谢科研处和出版社的包容。如果本书能够对社会有所贡献，实在是离不开中国人民大学在两个关键节点上的引导和支持！

本书属于中国人民大学科学研究基金（中央高校基本科研业务费专项资金资助）项目成果，项目编号是2017030282，项目批准号是17XNQX07。

本书的成稿，离不开海鹏老师带我去企业实践、成老师将我带入这个领域，以及包老师“行路、读书、阅人”的言传身教。

宋林老师既是我读书时的师长，也是我的同事，本书能成稿他给了我很多帮助。我的三位同路者（王静文、雷羽尚和应一新）与我一起读了该领域的很多论文。没有她们跟我一起解读论文，我自己也很难坚持下来。本书成稿的核心能力主要来自这个四人团队。

全书最重要的作者，其实是那些在这个领域做了大量研究的前人，正是他们提供的研究基础，为本书成稿提供了关键的素材和弹药。

最后，希望通过本书，不仅能够帮助企业认识到CRM的价值，而且能够帮助企业真正用上这个工具，改善顾客服务和提高业绩。这也算是为落实“改善企业营销实践”这个使命做点贡献吧！

序言二　本书的表述方式

在此我把本书的表述方式做个说明，以便于读者理解本书的写作风格。采用这种表述方式的原因是我自己在学习的过程中有切肤之痛，不希望其他人还经历我那样的痛苦，希望通过我的微薄之力能尽量降低他人阅读的难度，同时提高阅读的趣味性。

读者可以先看最感兴趣的章节

我之前看书的时候，经常等不及作者循循善诱地展开，也不想听什么来龙去脉。大家都挺忙的，作者能直接告诉我怎么做最好了。如果选择不同的做法要依赖不同的前提条件，则希望作者直接把前提和做法放在一起，做成一个速查手册是最棒的。

总体来说，在写作的过程中，我很希望保持每一小部分的完整性，那么读者随手一翻，就能找到自己感兴趣的内容，然后应用。在应用的过程中遇到问题，还可以再去看其他相关部分。按照这个出发点，我是想写一本行文轻松的 CRM 操作手册或者备查字典，能供读者在需要的时候直接查一查就能用是最好的了。

本书所讲的顾客关系管理，虽然涉及统计、计算机方面的思想，但本质上仍是个业务问题。本书各章所涉及的业务内容是相互独立的，读者可以根据需要直接阅读对应章节，如果感觉理解不透，可以回过头看之前章节的内容。虽然各章讨论的业务问题相互独立，但各章所用的数学知识确实是按照难度递进的。如果读者工作多年且数学忘得差不多了，不妨还是按照顺序阅读。

帮助读者尽快阅读是本书的写作原则

我常看的书籍可分为两类，一类是传递情境的，一类是传递知识的。传递情境的书籍，必须通过某种情景的设计，把读者的心境逐渐引入作者设定的场景中，所以需要慢慢展开，这要有一个过程。这时候大段的文字是最有效的。传递知识的书籍，有其整体的知识结构，但并非每一个点都需要读者去读。而且，有的时候让读者能够通过快速浏览，首先在头脑中建立起整体框架，对掌握知识更有利。这时候，帮助读者快速找到或者找出有关某个点的内容就很重要了。

本书要帮助管理者理解模型和数据，同时也要让分析数据的人理解管理问题及其逻辑。核心难点就是要让熟悉一个领域的人理解另外一个相对陌生的领域。因此，本书常常会使用较多段落来描述和引入整个情境。因为要引入情境，这些段落常常是无标题的。本书重点是传递知识，因此会使用尽可能多的标题来展示结构和提供内容索引，以帮助那些繁忙的读者快速了解本书具体在说什么；或者，帮助那些想尽快了解本书结构的读者更容易在头脑中形成本书内容的框架。

本书会混合使用文字和公式表述

本书有高级和初级两个目标：

高级目标是对 CRM 领域能够直接指导实践的理论研究做个回顾，希望读者能对关键理论的应用有个框架性的了解。实现这一目标的关键在于对该领域已有研究成果的筛选。除了考虑具体理论的现实应用之外，还要考虑本书读者理解这些理论的难度。本书所选用的学术论文是学者们写给同行看的。本书所选论文肯定能够用于指导实践，但论文作者写作的时候很少解释如何用于指导实践，讲的主要是理论贡献。读者如果没有足够的实践阅历，单看论文本身的理论，很难想象其可用于指导哪些实践。

初级目标是降低阅读和理解的难度，帮助读者尽快上手 CRM 实践。因此，各章会从用文字描述逐渐过渡到用公式描述。公式也会从用文字表述转向用字母和符号表述。为便于没有受过足够专业训练的读者理解刚开始的公式，本书会尽量按照非专业人士的方式表述。其表达可能既不全面也不严谨，但能够反映背后所指向的管理思想的关键点。这样做的主要目标是帮助读者树立起继续阅读下去的信心。等读者基本熟悉了 CRM 的管理思想后，本书会增大严谨公式的比例，但仍会保留对管理思想的文字解读。这也正是本书与所解读的原始论文的最大区别。

行文风格尽量口语化、趣味化

专业书籍内容本身不易理解，如果行文还比较晦涩，读者就更难坚持读下去。我写作时所期望的目标是，即便内容不那么容易理解，读起来也尽量别太累人。因此，本书行文会尽量口语化，希望就像跟人当面交流一样，也尽量举一些生活中随处可见的场景作为例子，将这些场景作为基础，然后稍加丰富，尽量体现出 CRM 研究发展的脉络来。

目　录

第一章　顾客关系管理概述

本章主要介绍顾客关系管理的基本框架和核心逻辑。希望读完这一章，读者能够对全书可能涉及的领域有个总体的了解。本书其余章节，则是展开介绍本章所提内容的具体细节。为了行文简洁，本书有时也用“CRM”代替“顾客关系管理”。

如果把全书比作一个校园，本章相当于带着读者走马观花地快速逛一遍整个校园，会提到校园的主要功能分区和景点。后续章节，则带着读者逐一进入每栋建筑，讲述其中的细节。

第一节　顾客关系管理的简要案例

在互联网时代，多数人耐心不足。如果一本书不能一开始就提供价值，也许读者就放弃了。因为这个考虑，我们就先用一个具体的例子来说一说基于数据的顾客关系管理到底能解决哪些实践问题吧。

一、顾客关系管理适用的领域

假设我们共同运营一个机构，其也许是线下形式的（例如便利店、超市、商场、医院、剧院等），也可以是线上形式的（例如淘宝店、微信公众号、某个 App 等），当然也可以是拥有某个品牌的厂商，产品同时在线下和线上销售（甚至通过直播带货）。

顾客关系管理的应用领域相当广，不论本书用多少例子、用什么概念，都很难覆盖所有的行业。这就需要读者在阅读的时候，能够根据自己行业的特点有一些泛化理解的能力。举个例子，如果说顾客“来过”，那么这既可以是“逛”，也可以是“买”。前者只有行为没有结果；后者产生了交易，有销售业绩。“来”涉及的场景可能是线下的实体店，也可能是线上的多个页面（即多个链接）。所有这些，都包含在“来过”里面。

二、顾客关系管理的现实应用

现在我们可用一个以偏概全的例子来概览顾客关系管理的现实应用。假设我们负责一家剧院的 CRM。用剧院作为例子只是为了泛化理解零售店铺，用一个商店作为例子也是一样。

每家剧院自己决定演出的内容和时间（这相当于销售的产品或提供的服务），有自己的票务系统（这相当于财务系统或者 IT 系统）。CRM 系统则记录了消费者（即观众）的各种行为。不论什么行为，都简化成顾客什么时间（年月日时分秒）干了什么事情。事情包括浏览剧院的网站（或 App、微信公众号）、购票、观看等。

要发挥 CRM 数据的价值，应该做的事情包括：

1. 建立和顾客互动的渠道

互动渠道可以是网站、App 或者微信公众号，也可以是微信群。剧院的一个痛点是观众看完演出就走了（任何店铺都有类似的痛点，即顾客逛完或买完东西就走了）。剧院现在要尽量吸引观众加入某个互动渠道。例如，注册用户、下载 App、关注微信公众号（或使用微信小程序）。如果有足够的人手或者客服机器人，剧院也可以组建微信群。互动渠道的评判标准是越人性化、顾客感觉越容易使用的越好。因此，微信优于专用 App，专用 App 优于网站。

当然，顾客未必会主动加入互动渠道。因此，剧院需要提供一些诱因。诱因可以是与业务直接相关的，例如有意思的内容、演出预告等，也可以是与业务无关而直接以折扣方式提供的优惠，例如通过微信渠道购票或支付停车费有折扣等。如果顾客愿意提供更多信息，例如性别和年龄，则可以提供更多的诱因。

提供诱因的方式不应那么僵化，可以是免邮寄送顾客在剧场购买的礼品。剧场可以在演出前后销售 IP（知识产权）周边产品，但现场只有展品而无现货，需要观众留下收货地址，快递是免邮费的。这样，观众的姓名、电话、住址等信息就都留存了。

2. 定期和顾客互动

定期可以是每周、每月，或其他周期。如果 CRM 系统记录下了顾客的行为，可以用本书的方法分析顾客的行为规律，例如多久浏览一次、多久消费一次等，然后在预计快要到这个时间的时候和顾客互动。但要避免互动过于频繁，导致顾客卸载 App 或者取消关注、退群等。

互动的内容应该是顾客感兴趣的。例如顾客爱看某个演员或者导演的节目，则可以跟他就这方面的内容进行互动。如果顾客总是买打折产品，则互动内容应该是有吸引力的折扣信息。计算顾客偏好的方法本书在最后一章会介绍。

3. 支持和鼓励顾客分享

顾客来看演出时，剧院可以根据演出内容安排一些现场互动。例如与 IP 人物、道具或布景合影等，或者提供一些观众可以参与的活动。核心是创造一些观众愿意记录或对外分享的内容或场景。这样，观众将来回看这些记录（例如照片或视频）时，可能会唤醒当时的记忆，再次消费的概率会提高。如果观众对外分享（例如在朋友圈分享照片或视频），则有助于吸引新顾客。剧院甚至可以引入现有的 AI 技术，支持观众合成一些照片。将来有新的节目时，可以用留存的顾客头像合成新的场景发给顾客。这种合成因为是一对一的，所以并不涉及隐私问题。类似的方式因为个性化强，引发的唤醒程度更高。本书后面章节提到的海底捞变脸节目、剁椒鱼头浇白酒都是在为顾客记录和分享提供支持。

鼓励分享的方式有很多，可以根据行业特点有创造性地设计：既可以直接给予分享者物质激励，也可以既激励分享者又激励接收一方，除此之外，还可以根据业务特点设计不同的情境。例如，某个电商平台（例如京东）在线上销售奢侈品（例如 LV 包）。因为顾客担心线上产品的真伪，所以平台让一个顾客相信自己卖的是真品需要花费很多精力和成本。但顾客购买一个 LV 包以后，很难马上接着再买下一个。也就是说，电商平台又需要重复上述的高成本过程说服下一个顾客。如果支持和鼓励分享，则获取新顾客会容易很多。电商平台可以设计鼓励分享的方式，例如向购买

LV 包的顾客附送当地高端影剧院的 5 张演出门票，限制条件是同时使用。因为 5 张票要同时兑换，顾客最有可能是邀请朋友一起去。朋友可能会问为什么去看演出，顾客就会解释因为有赠票。朋友可能会奇怪为什么电商平台会赠票，顾客就会解释因为买了 LV 包。朋友又会问线上买 LV 包是否可靠，顾客就会把自己判断真品的依据和过程分享给朋友。这些朋友从熟人那里了解到信息的同时又看到熟人真买了产品（相当于尝试了），而同一个群体的消费水平和偏好通常更为相似（即人以群分），那其他人购买 LV 包的可能性更高。这样，通过 5 张演出门票的分享，电商平台就把一个很复杂的说服过程通过现有用户实现了。

4. 不断丰富产品线

记录顾客信息（人口统计信息和消费信息）有助于预测顾客采取下一步行为的时间，定期与顾客互动能够唤醒顾客，而支持和鼓励顾客分享则有助于获取新顾客，但所有这些最终都要落实到产品销售上。如果企业的产品线单一，顾客即便对企业满意、唤醒水平高，也很难总是重复购买同一款产品。这就类似于剧院虽然可以更新节目单，但观众也不会来看遍所有的演出。剧院虽然建立了与观众沟通的渠道，也有充分的互动唤醒，但仅仅围绕节目本身会让观众厌倦。相反，如果剧院能够围绕顾客群体的综合需求（例如休闲），适度拓宽产品线，例如与景点、科技馆联合互推，则既丰富了互动的内容，也能够相互带来顾客流量，实现多方的销售。

现实中，多数的零售店都只卖一类产品（例如久久丫主要卖鸭卤制品），但也有把自己定位为接触点，通过和顾客持续互动销售多种产品的（例如一手店既销售具有哈尔滨特色的多种商品，又销售可能与此配套的花生米等）。除此之外，多数高价值产品伴随的决策风险也高，顾客很难一下子决定购买。如果店铺把自己定位为持续建立顾客信任的接触点，就有可能通过多次互动和交易，建立起顾客对店铺的信任。例如，知名演出场所最终可能为高端产品（例如劳力士表）带来潜在顾客，或者高端家具（例如曲美家居）可能为私人理财带来潜在顾客。由于能够为后续的高端产品带来流量，最初的产品销售不必追求那么高的利润率，这反过来又提升了最初产品销售时的价格优势，形成了良性互动。

第二节　顾客关系管理的具体应用

了解了顾客关系管理的大致框架后，现在用一个更具体的例子看看顾客关系管理具体是怎么应用的。

企业要想发挥顾客关系管理的价值，至少需要有一些顾客信息。这些信息可以简单分成两大类，即顾客的背景信息和顾客的行为信息。前者可以是顾客姓名、性别、年龄、住址、联系方式等与购物无关的信息；后者则通常指顾客什么时间干了什么事情，干的事情可以是线上的浏览、加购物车等，或者是线下的来店面、购物等。

企业通常采用数据库的形式存储顾客数据。不同企业对此的称呼可能不同，有的称为 IT 系统，也有称为数据系统或者 CRM 系统的。为了与企业实践对应，本书并不区分上述名称。读者根据自己企业的叫法理解即可。

无论企业采用何种方法存储顾客信息，也不论其存储的顾客信息多少，要使本书所说的 CRM 分析方法发挥作用，企业至少需要给每个顾客一个编号。企业可以不知道顾客的姓名、性别、年龄等，但这个编号至少要一直保持不变。也就是说，顾客再来的时候，即便我们不知道他具体是谁，但至少要知道这是上次那位顾客。

一、根据顾客什么时候“来”制定策略

不论企业的顾客总数是多少，我们可先聚焦在一位顾客身上，就姑且称为顾客 A 吧。我们去后台查了他的行为记录，发现他 10 天前“来过”一次，但不知道他下次什么时候“来”、还会不会“再来”。如果他以前“来过”若干次，可以根据他以往“来”的历史，采用本书后面谈到的方法，得出一个他“来”的频率图，如图 1－1 所示。

从图 1－1 能够看出，这个顾客间隔 10 天“来”的次数最多（图中最中间的柱)，间隔 5 天“来”的次数最少（图中最左侧的柱)。那么他 10 天前“来过”，今天或明天“来”的可能性最大。在不同的情况下，应该有不同的应对策略：

(1）如果他这两天“来”，属于到点就来，那么正常做好服务工作就

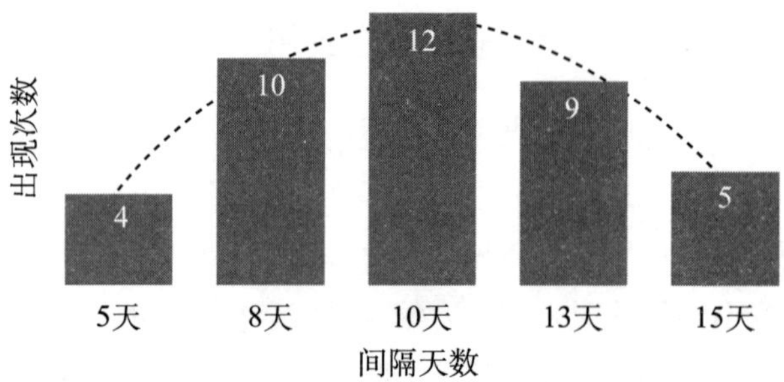

图 1-1　不同间隔天数的出现频次分布图

是了，并不需要去做任何额外的吸引或者唤醒顾客的工作。

（2）如果他过了 13 天还没来（倒数第二根柱），我们心里就应该有点担心了，想着可能是他没想起来我们这个店，需要想个办法提醒他一下。我们可以在群发短信或微信的时候把他包含在内，内容可以是某件有意思的事情。例如将公司或者产品结合当下热点推送，就是人们常说的蹭热点，或者是某种统一促销活动的信息。这个时候，我们会发现之前注意收集顾客的联系方式还是挺有价值的。例如，让顾客关注了微信公众号、让店员加了顾客的微信，哪怕当时为此还给了折扣或者提供了额外服务（增加了成本）。

（3）如果他过了 15 天还没来（图中最右侧的柱），我们内心就应该开始惴惴不安了。估计这个顾客不会再来了，有流失的风险。需要采取有针对性的措施挽回这个要流失的顾客：根据他以往的购买记录，可以推荐一些他可能感兴趣的产品；或者，针对他重复购买的产品，给些折扣。如果顾客还是没反应，甚至可以直接给代金券。总而言之，挽回顾客的手段是一个逐步升级的过程。因为所有手段针对的只是他这个个体，并不是所有的顾客，总体的成本还可控，有更多的手段供选择。

我们再看另外一个顾客的数据，把他称为顾客 B 吧。他也是 10 天前“来过”，但这之前从没“来过”。我们没有顾客 B 的历史数据可供参考，也无法按照分析顾客 A 的方法分析顾客 B。对于这样的新顾客，我们应该怎么办呢？

这种情况下，可以分析一下所有顾客“来”的数据。假设所有顾客“来”的间隔和频次与图 1-1 类似，当然也可以是完全不同的图形。新图形的横坐标仍然代表间隔天数，纵坐标代表所有顾客的这个间隔天数出现的概率。虽然我们没有顾客 B 的历史数据，但我们有了所有顾客的历史数据。如果顾客 B 跟多数顾客没什么不同，那么他的行为也应该跟多数顾客差不多，我们就可以把多数顾客的特点当作顾客 B 的特点，按照类似的逻辑来设计针对顾客 B 的营销方案。

整个顾客群的行为模式可以完全不同于图 1－1，但道理是一样的，仍是根据间隔天数推算顾客下一次来的时间。根据顾客流失的风险高低不同，可以采取不同的应对措施。

刚才我们关注的是顾客“来”的时间。如果“来”代表购物，那么我们刚才关注的只是顾客何时“来”购物，并没有涉及顾客购买量。对于顾客每次的购买量，也可以按照与图 1－1 类似的方式，来判断顾客会购买多少。如果是针对没有历史数据的新顾客，仍可以利用整个顾客群的数据来判断个体顾客的购买量。

二、根据顾客的长期价值优化营销方案

我们根据图 1－1 预测了顾客 A 下次来的时间。如果他最后一次“来”是 15 天前，那么他就很有可能成为要流失的顾客。如果超过 20 天他还没有出现，那么有很大概率这个顾客是真的流失了。

我们还可以根据每个顾客的出现频次分布图来判断他是否流失。不同行业的顾客出现频次分布图可能有较大的不同，间隔天数也许不是几天而是几十天甚至上百天。不过道理并没有差别。因此，我们可以根据顾客与企业的第一次交易、最近一次交易和不同间隔天数的流失概率，按照本书后面介绍的方法，计算顾客整个生命周期（即维系和企业的交易关系的天数）对企业的价值。

企业吸引新顾客往往需要支付较高的营销成本，当然，维系老顾客也需要成本。激活不活跃的顾客和挽回高流失风险的顾客也都需要成本。有了前面详细到顾客个体的预测，至少营销费用可以只花在高潜力或高风险顾客身上，而无须平均分配，这有利于节省营销费用。同时，有了对顾客整个生命周期价值的判断，我们就能识别出哪些是高价值顾客，在这些顾客身上花的营销费用回报更高。而另外一些顾客也许单次、短期交易金额

较高，但如果算上投入的用于吸引、维系顾客的营销费用，可能整体上对企业的贡献并不大。也就是说，并不是每一分钱都值得挣。

三、善用顾客的相互影响

顾客之间并不是孤立的，常常会相互影响。两个购物花费相同的顾客，如果社交圈的广度和深度不同，能够影响到的周边人群的大小和产生的影响力也会不同，伴随而来的是对企业的贡献就会有差别。如果顾客甲认识的人比顾客乙多，则甲影响的人数更多。顾客乙认识的人少，但如果他是互联网上的“大 V”，他在网上的发言能够被更多的人看到，他就能够影响更多的人。顾客丙可能是专业人士，有足够的权威性，他虽然认识的人不多，但说的话更能让人信服，因此其他人采取行动的概率更大。于是，顾客丙影响的深度大于甲和乙。

有的人遇事愿意跟人分享，有的人则不愿意。这导致在同样的影响广度和深度下，不同的人实际产生的影响也有所不同。

企业可以通过顾客之间的相互影响，获取新顾客、促进顾客重复购买或者向顾客推荐企业难以建立起信任的新产品。例如，海底捞在餐厅中有个变脸表演，很多人会拍了分享到朋友圈；或者顾客吃完饭要带走没吃完的果盘，结果获赠了一个西瓜。这种超出顾客预期的额外心意，很容易促使人们分享到朋友圈。这既能唤醒很久没来的老顾客，也能吸引对此好奇的新顾客。这些都是顾客之间的相互影响产生的价值。用卖艺的人常说的话来讲，就是“有钱的捧个钱场，没钱的捧个人场”。

四、通过产品推荐吸引和挽留顾客

不论顾客什么时候来、来多少次、跟企业的关系维系了多久，也不论顾客相互之间有多大的影响，企业的利润最终都建立在产品销售上。如果顾客找不到合适的产品，交易就无法达成，买卖双方之间的关系也难以长期维系。

我们可以根据后面章节介绍的方法，通过顾客的背景信息和以往的浏览、购买历史，计算顾客的偏好，进而推荐更接近其偏好的备选产品。我们在电商平台购物的时候，平台推荐相似的产品或者其他顾客看过的产品，用的都是类似的逻辑。

除此之外，顾客和企业的关系还是一个逐渐深化的过程。双方刚开始成交的多是一些低风险产品，顾客逐渐建立起了对企业的信任以后，才可能成交高风险、高价值产品或者新产品。但企业也要明白，即便高风险产品符合顾客偏好，如果在最开始就推荐给顾客，顾客也不太可能会购买。这就类似于一个人刚去银行开了储蓄账户，理财经理就向他推荐具有高回报的股票型基金，在这个阶段是很难打动顾客的。这可能存在一个“储蓄账户→信用卡→定期存款→贷款→基金”的隐含过程。“心急吃不了热豆腐”，推荐产品也会有个过程。最后一章会讨论如何计算这种隐含的先后顺序。

第三节　顾客关系管理的典型数据和场景

对顾客关系管理有了感性认识后，现在我们通过数据来看看更具体的分析和应用。下面会使用我与成栋老师所著的《电子商务概论》中的人物和场景。本书在此基础上，逐渐增加复杂性，最后演变成现在的最复杂场景。写作这部分的时候，就像回顾 CRM 的演变历程一样，先不通过标题来结构化，更多的是感受 CRM 与业务的结合。

一、最简单的 CRM 场景

钱广开了个小店，赵轻松（zqs）来买过几次东西。钱广有个本子，他做了些记录。我们把他的记录录入 Excel 表，“zqs”是钱广给赵轻松设的编码。将来顾客多起来以后，往往就直接用数字编码了。Excel 表的内容如表 1-1 所示：

表 1-1　零售店的简要顾客记录

次数	日期	顾客 ID	金额	产品
1	2019/1/1	zqs	12	醋
2	2019/1/12	zqs	18	香油
3	2019/1/24	zqs	15	酱油
4	2019/2/1	zqs	12	醋
5	2019/2/24	zqs	15	酱油
6	2019/3/3	zqs	12	醋
7	2019/3/12	zqs	18	香油

本节先用实体店的例子来说明场景，网店与实体店在CRM上的逻辑并没有实质性差别。区别体现为顾客逛店铺和浏览这些具体行为的差别，还有就是数据存储难易程度的差别，但这些对分析逻辑并没有任何影响。本书以实体店为例进行说明，只是为了便于理解。

钱广想通过顾客关系管理实现的目标是zqs能经常来购物，而店里销售的产品能够跟zqs的需求匹配。这样，钱广就能通过卖货挣钱。

前两节讨论了如何吸引zqs来购物。这里重点说说“匹配”的事情。匹配通常包含了以下两个方面：

（1）时间匹配：zqs下次再来的时候，钱广的店要开门，也要有货。货来早了会占地方，货来晚了会错失zqs，从而错失赚钱的机会。

（2）产品匹配：货必须是zqs想要的。

为了实现时间匹配，钱广要预测zqs下次什么时候来；为了实现产品匹配，钱广要预测zqs下次来的时候想买什么。

实现上述匹配的关键是时间间隔，利用表1-1的数据，重新计算zqs来店里的时间间隔和买每种产品的时间间隔（这里计算的是间隔天数），得到表1-2：

表1-2　包含时间间隔的购物记录

次数	日期	两次购物间隔的天数	顾客ID	金额	产品	购买同样产品间隔的天数
1	2019/1/1		zqs	12	醋	
2	2019/1/12	11	zqs	18	香油	
3	2019/1/24	12	zqs	15	酱油	
4	2019/2/1	8	zqs	12	醋	31
5	2019/2/24	23	zqs	15	酱油	31
6	2019/3/3	7	zqs	12	醋	30
7	2019/3/12	9	zqs	18	香油	59

从表1-2的第三列能够看出，用户zqs最短8天、最长23天会来买一次东西。如果用每10天为依据进行分类，则zqs间隔10来天买东西，有2次；间隔10天以内买东西，有3次；间隔20多天买东西，有1次。根据这个频率，zqs下次来买东西，间隔10天以内的可能性最大。

单看zqs两次购物间隔的天数，不容易看出规律。如果再看他具体买的产品，则可以发现，他买醋和酱油都是间隔 30 天左右，而买香油则是间隔 59 天。如果这是规律的话，那么只要知道他上次买的是什么，根据产品的更换周期，则可以预测他下次会买什么。

以上是单一顾客每次购买单一产品并定期购物的场景，预测的主题是：

（1）顾客下一次什么时候来；

（2）顾客会买什么产品。

二、更为复杂的 CRM 场景

上一小节介绍了单一顾客购物场景的计算。所有的 CRM 都是在此基础上，不断增加复杂性演变而来的。现实场景中，以上述简单例子为基础，增加的复杂性主要体现为以下几个方面：

1. 购物篮（或购物车）内部的复杂性增加：产品数量从 $0 \sim n$

顾客 zqs 每次购物不只买一种产品，可能醋、酱油、香油都买，他的一次购物记录中会出现多种产品。

他下一次来购物时，是否会买酱油不仅跟上次是什么时候买酱油有关，还受到他本次购物是否会买料酒影响。如果他最近喜欢做红烧鱼，则会购买料酒去腥，另外因为做红烧鱼需要放较多的酱油，酱油的消耗会更快，再次购买间隔的天数就会减少。

也就是说，顾客某次购物是否购买某种产品，不仅和上一次购买该产品的时间有关，还可能受本次会买什么产品影响。顾客甚至有可能逛了一圈，发现没有满意的产品，什么也没买。

2. 产品本身的复杂性增加：既有周期性产品，也有非周期性产品，还相互影响

刚才例子中的三种产品——醋、酱油、香油，都是用完了就要再买的周期性产品。还有很多的产品，顾客是想起来了就买，想不起来就不买，比如零食或者某款服装。还有些产品，顾客可能若干年只买一次，几乎看不到任何周期性。

即便是周期性产品，如果增加品牌维度，结果有可能显得不那么有周期性。虽然顾客仍旧是 30 天左右买醋，但如果他换了品牌，从品牌的角

度研究顾客的购买行为，周期性就会很乱。

几种产品之间还存在相互影响的关系。对于同层次的产品而言，例如，不同品牌的醋可以相互替代，互为替代品；而醋和香油在吃饺子这个事情上是连带产品。对于不同层次的产品而言，有一种是主产品，其他都是辅助产品，顾客是为了主产品才买辅助产品。例如，酒是主产品，下酒菜是辅助产品。与此类似，硒鼓是激光打印机的互补品，GPS是买汽车时的选购品。前者属于辅助产品，后者则是主产品。

3. 顾客维度的复杂性增加：顾客数量和类型增加了

钱广的店不可能只有赵轻松一个顾客，还会有很多其他的顾客。他们到店的周期千差万别。有些人离得近，可能经常来；有些人离得远，可能偶尔来；还会有人路过，只来一次。顾客到店的周期性常常是不同的。

4. 营销的复杂性增加：顾客行为模式受到多种营销活动的影响

开一家店并不简单。钱广某天找机会举办了一场庆典，吸引了很多看热闹的人进店，这些人的购物周期会发生改变。日常他还会做一些促销活动。某天香油会打折，原来59天才买一次香油的zqs会因为打折而提前购买，还可能因为便宜多买了一瓶，甚至因为买了香油，准备多吃饺子，从而需要多买一瓶并没有打折的醋。他的短期饮食习惯（比如最近几个月吃饺子的次数），可能因为一瓶促销的香油而发生变化。

5. 顾客价值复杂性增加：不是每个顾客的每一元购买都同样重要

钱广做了几年生意，发现有的顾客只买打折产品，短期内从他们身上很难挣到钱。有些顾客虽然买的是原价产品，但来的次数很少，钱广从他们身上也挣不了多少钱。钱广需要按照1～2年的更长时间来判断每个顾客的价值。钱广自己的精力有限，他能做各种促销或者提供额外服务的费用也有限。他只能先把有限的精力和费用，花在那些更有价值的顾客身上。

顾客和钱广的关系到底能够维持多久，也是一件很难判断的事情。那些支付会员卡年费的顾客或者设定了有效期的交易关系相对容易判断。例如，顾客买了台合约机，或者订购一年的会员服务，如果到期没有续约，则容易判断双方关系的终止时间。而像零售这种买卖双方之间是松散关系的行业，顾客即便有钱广店里的会员卡，也并不意味着他会继续来钱广店里买东西。各个行业都关注每日活跃和每月活跃用户数，就是这个原因。

6. “新”带来的困难

上述五种情况，都有一个共同的前提，就是有顾客之前的行为数据作为分析的起点或者可供参考的依据。对于第一次来的新顾客或者第一次上架的新产品，因为没有参照值，进行预测的难度就增大了。

第四节　顾客关系管理预测方法的核心思想

从上述钱广的例子能够看出，CRM 的关键是要预测每个顾客下一次什么时候来，他来要买什么。进行这两方面的预测，从供应链的角度看，有助于及时备货；从营销的角度看，则有助于提高营销的效率。例如，顾客过了预测的时间还没有来，流失的可能性就提高了。针对这样的顾客，应该采取营销手段进行挽回。而没有流失风险的顾客，则不需要干预。这样，营销费用使用起来就更有针对性了。

各种预测方法的核心思想主要有两个：一是用过去预测未来；二是用群体预测个体。

一、用过去预测未来

我们仍旧用钱广的例子。如果钱广记录了赵轻松每次买醋的日期，则可以算出赵轻松每次买醋的时间间隔。每次间隔的天数通常是不一样的。我们可以统计不同间隔天数出现的频次，比如间隔 31 天出现了 5 次，间隔 25 天出现了 3 次，间隔 20 天出现了 2 次，那么一共 10 次购物，有 5 次是间隔 31 天，可以据此推算赵轻松下一次买醋有 50%的可能性间隔 31 天、有 30%的可能性间隔 25 天、有 20%的可能性间隔 20 天。

如果只关注赵轻松到店的日期，不管他买不买东西，也不管他买什么，也能统计出间隔天数及其出现的频次。根据这一结果，能得出赵轻松间隔不同天数到店的可能性。结合他最后一次到店的时间，就能预测他下一次什么时候来。

进行上述统计和计算的思路一点也不复杂，但有个前提条件，就是要有足够的消费记录。比如，顾客之前多次来过店里，这样才能统计不同间隔天数出现的频率。如果要计算顾客下次什么时候会买某种产品，则需要知道顾客之前买过该产品多次，否则就没有统计的基础。

对于新顾客、新产品，或者来得少的顾客、购买次数少的产品，因为缺少相应的记录，上述方法就失效了，这时需要寻找新的思路。其中一个思路，就是用相似人群或者相似产品的以往记录，作为新顾客、新产品的以往记录。以此为基础，就仍旧可以按照刚才的思路进行测算。

二、用群体预测个体

用过去预测未来时，需要通过过去发生的事情获得该顾客每种时间间隔出现的次数，将该次数除以总次数即得到了频率。

如果是新顾客、新产品，顾客是首次购买或者购买次数很少，不足以获得频率数据，那又应该怎么办呢?

如果存在与要预测的顾客 A 类似的另外一个顾客 B，而且还知道顾客 B 以往的购买频率，则把顾客 B 的购买频率作为顾客 A 的购买频率，也能对顾客 A 进行预测。

在 CRM 的研究历史上，人们不仅无法获得新顾客 A 的历史数据（新顾客没有历史数据)，其实对顾客 B 的情况也知之甚少。店铺往往只有每笔订单发生的时间，对顾客 B 的背景信息基本也不了解。受限于没有更详细的数据，当时的研究者往往把整个店铺的顾客都当作与顾客 A 类似的顾客，用整个店铺的顾客的购买频率来模拟顾客 A 的购买频率，这就是用群体预测个体的思路。

三、小结

总而言之，当无法知道顾客 A 的购买频率时，可用与他类似的已知的顾客 B 的购买频率来代替。当无法判断已知其购买频率的顾客 C 是否与顾客 A 相似时，可用相关信息已知的整个顾客群的购买频率来预测顾客 A 的购买频率。也就是说，如果一个店铺有三个购买频率互不相同的顾客群，就用那个与顾客 A 最接近的顾客群的购买频率来预测顾客 A 的购买频率。当无法判断一个店铺是否存在互不相同的顾客群，或者完全无法知道顾客 A 的任何信息时，则用整个店铺顾客的购买频率来预测顾客

A 的购买频率。

可以看出，因为对顾客 A 的信息不了解，研究人员尝试用各种从相似到不完全相似的群体的信息来预测个体，于是不得不采用多种越来越复杂的概率模型来解决问题。但核心逻辑并没有发生什么变化，仍旧是用已知预测未知。当没有已知的个体时，则用已知的群体来预测个体。各种模型都是这个思路。

有了对顾客未来行为（来不来、买不买、买什么）的预测，叠加顾客对各种营销活动的响应情况，我们就能预测顾客在未来一定时期的购买情况。在战略层面上，累计每个顾客的情况，就能根据不同的管理需要完成三年规划、业绩预测、企业价值预测之类的管理决策。在战术层面上，可以依据每个顾客的上一行为预测其下一行为，并据此调整要推荐的产品，或者当顾客的行为偏离预测时（例如，该来的时候没有来），施加营销干预，挽回可能要流失的顾客。

第五节　顾客关系管理的价值和目标

顾客关系管理的最终目标是帮助企业提高业绩，这可以分成若干层次。

一、提升业绩的两个方面

业绩提升涉及两个方面：增加收入（revenue）和增加利润（profit）。

1. 针对不同的顾客类型，增加收入有不同的工作重点

（1）针对新顾客：吸引更多的新顾客，以求增加顾客的总数。

（2）针对现有顾客：

1）提高连带销售。在顾客总数不变的情况下，吸引现有顾客购买其他种类的产品，此为交叉销售（cross selling）或者连带销售。

2）提升钱包份额。在顾客所购买产品不变的情况下，吸引现有顾客增加购买本企业产品的次数（times）。

（a）CRM 关注的并不是改变顾客的偏好（preference）或者消费频率（frequency）。改变顾客偏好很重要，也有效，但这不是本书讨论的 CRM 的重点。

(b) CRM关注的是让现有顾客每次购物都尽量选择本企业的产品。专业地讲就是增加本企业在顾客消费中的比例，即提高本企业在顾客消费中的份额（share of wallet)。

3) 选择高价产品。在顾客购买产品数量不变的情况下，吸引现有顾客购买价格更高的产品（price)。

如果想要看起来更简洁一些，可以用不那么严格但便于理解的公式把上述含义表达出来：

$$\text{收入} = \left[\sum(\text{产品}\,i\,\text{单价} \times \text{购买次数})\right] \times \text{新顾客数量} + \left[\sum(\text{产品}\,i\,\text{单价} \times \text{购买次数})\right] \times \text{老顾客数量} \quad (1-1)$$

2. 增加利润主要是通过降低营销成本来实现

CRM关注的主要是吸引新顾客、维系老顾客所发生的促销（包括活动)、广告等营销成本，不涉及生产和运营等领域的成本。降低生产、物流、运营等领域的成本，是供应链管理或者生产运作管理关注的重点，这些不在本书的讨论范围内。

如果把增加收入和降低成本的内容结合起来，可以表示为：

$$\text{利润} = \text{收入} - \text{成本} \quad (1-2)$$

二、CRM试图影响的变量

不论是否受过专业训练，大多数人都能理解式（1－1）和式（1－2)。第一个公式涉及的主要变量有：产品单价、购买次数、购买的产品种类数、新顾客数量、老顾客数量。第二个公式涉及的与成本有关的变量有：广告费用、促销费用。当不能精准区分顾客时，广告费用是总体支出。促销可以针对特定的顾客展开，可以划分成更详细的单个顾客促销金额和促销涉及的顾客数量。也就是说，当有足够的数据时，可以针对个体进行促销。代金券常常是瞄准特定的顾客。广告和促销本身又因为场景不同，有很多的变种，但这里统称为广告和促销。我们可以泛化理解实践中的多种形式。

把式（1－2）涉及的因素综合在一起，我们可以看到，顾客购买的产品单价越高或者购买越多的原价产品（而不是打折产品)、购买的次数越多、购买的产品种类越多、新顾客数量越多、老顾客数量越多（对应的是老顾客流失得越少），广告和促销费用的使用越有效（对应的是精准投放、不浪费），企业的利润会越高。

上述这些变量会相互影响和制约。企业根据发展阶段的不同，有时候追求收入最大化，有时候追求利润最大化。常见的情况是，企业先追求高速增长，希望顾客数量很快增加。当顾客数量增长乏力时，企业则希望已有顾客能够带来更多的销售额（企业往往会因此增加产品种类）。当销售额增长乏力时，企业会尽量使得各种支出更有效率（对应的是营销成本下降）。如果总体成本下降，则产品定价可以降低，反过来会吸引更多的顾客，带来更多的销售额。企业决策通常就是这样一个循环。电商平台上市前后的报告，通常也都是先说用户数量高速增长（日活、月活用户数增长率），然后会说销售额或 GMV 增长，几年后则主要说利润率变化。

CRM 的各种复杂变化，其实就是围绕式（1-1）和式（1-2）中的各个变量展开的。只不过因为产品种类多、顾客的购买模式多种多样，情况变得非常复杂，不得不引入各种数学表达。分析问题的时间跨度也更大。很多时候，不光考虑现在，还要考虑未来。即除了考虑当下情况的多种维度，还要引入新的时间轴，考虑折现等多种情况下的决策。

三、通过精准投放提高效用费用比

上一小节谈到了改进哪些方面（即变量）能够提升企业业绩。要想降低营销费用（成本），关键是提高营销工具的效用费用比（简称“效费比”）。学术论文常用效率（efficiency）来表示。比如，促销费用只针对那些购买概率更高（或者流失概率更高）的顾客使用，而不像传统营销那样花在所有顾客身上。这个道理说起来很简单，实际应用起来则既需要有数据可供分析，又需要有分析的逻辑和具体的算法。所有决策的基础，都是对顾客未来行为的预测。在此预测的基础上，才能确定采用什么营销策略更合适、效费比最高。提升效费比，涉及以下几个方面：

1. 区分顾客价值

要想提高效费比，就需要把费用投到那些最有价值的顾客身上。首先要有办法或工具把不同顾客的价值区分开。在没有顾客购物流水或日志数据（可以简化理解为POS记录）之前，企业往往只有总的销售数据，区分不了销售结果是由哪些顾客的哪些行为累积形成的。所以，这个在道理上很简单的事情实际上并不容易做到。

顾客数量多、交易数据量大以后，区分顾客价值仍旧是一个挑战。常用的大客户、老客户的分类方法，已经从理论上证明未必就正确，至少不够精准和详细。区分顾客价值，现在不仅要考虑单次的购物金额，还要考虑长期的消费潜力、顾客的相互影响等多个方面。

2. 顾客价值的表示指标

用什么来表示顾客价值，购买金额、购买数量、购买次数还是毛利率、毛利量？是考虑单次购买还是考虑未来一段时间乃至顾客整个生命周期的？这都需要根据决策目标做出选择。

3. 影响顾客的途径

即使通过测算顾客价值，对每个顾客都有了一个价值评价，也需要考虑后续采用什么途径能对顾客施加影响。顾客对不同营销手段的敏感程度和响应情况千差万别。决策者需要通过数据找出适用于每个顾客的营销手段，然后通过顾客响应程度最高的营销手段触达顾客。

4. 顾客相互之间的影响

顾客不只是与企业互动。社交媒体和社交工具的兴起使得顾客之间的交互和相互影响日益重要。企业在决策时必须考虑顾客之间的交互带来的影响和利益。线上的分享（微博、微信等）以及线下的各种方式，既会给企业带来机会，也会改变生意模式。

5. 顾客的重复购买

CRM关注的是顾客的重复购买。在这一过程中永远伴随着顾客流失。当数据量很大时，测算不同阶段的流失率、识别流失对象会变得比想象中的复杂，对模型的校准和后续决策有很大影响。这会反过来影响企业对顾客生命周期价值的判断。

第六节　顾客关系管理适用的业务类型

本书后续章节，将首先从预测顾客的下次行为开始。这实际有个隐含的前提，即重复性购买行为。可能顾客对某类产品的需求是重复性的（例如买醋），或者虽然要购买的产品不属于重复性消费，但购物行为本身是重复性的（例如去超市或者网上购买）。对于非重复性购买行为，例如游览旅游景点，假设顾客不可能再逛同一个景点，但他可以有美好的记忆，会向他人提及或推荐，或者重复消费此旅游集团的其他景点。这种情况下，CRM 的工作重点是通过首次交易和顾客建立连接，通过此连接赢得顾客的其他重复性消费，即便消费的是不同的产品。例如，顾客买了一双鞋，他再买一双同样的鞋的可能性很小，但因为买这双鞋，专卖店或者商场有了顾客的联系方式，就可以把再买同样一双鞋这种完全不可能重复的购买行为，转化为下次再来逛逛的可重复的购买行为。也就是说，非重复性和重复性在不同层面上看是可以转化的。买某双鞋是非重复性行为，但逛店是重复性行为。反之，再去同一景点（类似于逛店）是非重复性的，但通过推送吸引顾客回忆美好的记忆（分享照片），或者由此吸引其他的顾客则是可重复的。

理解 CRM 适用的业务类型，需要读者对本书的例子有一定的泛化理解能力。不过，本节会多举一些例子，以帮助读者理解 CRM 的适用性。

按照日常生活中的常见情境，要区分几种情况来分别设计对应的 CRM 策略。常见情境的对比如表 1-3 所示：

表 1-3 按照购物指向和产品单一程度划分的典型行业

<table>
<tr><td></td><td colspan="4">买方通常购买的产品种数</td></tr>
<tr><td>购物前买方是否有具体的产品指向</td><td colspan="2">单一</td><td colspan="2">多种</td></tr>
<tr><td>有</td><td>加油站、航空公司</td><td rowspan="2">电影院</td><td>银行</td><td rowspan="2">超市、综合电商</td></tr>
<tr><td>无</td><td></td><td>商场、餐馆</td></tr>
</table>

以表 1-3 为例，按照顾客购买的产品种数，大致可以分为两种情况：购买单一产品和购买多种产品。

一、顾客最终购买的是单一产品

根据顾客购物之前有无明确的产品指向，这又可以分成两种情况：

1. 有明确指向

这种情况下，当顾客出现在购物场所或者在网上开始购物流程时，他最终通常会购买某种产品，例如到加油站加油或者购买航空公司机票。CRM 的关键是吸引顾客来到购物场所或者进入购物流程；或者当顾客产生对此类产品的需求时，能够想到这家企业。

2. 无明确指向

企业如果只销售单一产品，而顾客又没有明确指向，通常顾客不会主动出现在购物场所或者浏览企业的线上店铺。CRM 的核心任务是吸引或者提醒顾客到场，并最终找到满意的产品。吸引顾客来店里逛逛或者线上浏览是关键。

电影院属于混合了上述两种情况的例子，顾客既可能因为想看某部电影（有明确指向）而来，也可以来了之后再选择看哪部电影（无明确指向），但至少有看电影的意向。位于购物中心的电影院，常常是因为顾客闲逛而获得了偶然前来的顾客。电影院和购物中心实际上可以考虑一体化的 CRM。

二、顾客最终购买的是多种产品

大多数情况下，顾客的一次购物会涉及多种产品。这也可以划分成两种情况：

1. 有明确指向

顾客至少是因为某种产品而来，逛的过程中看到或被推荐其他的产品，导致最后购买了多种产品。

2. 无明确指向

顾客可能有潜在的需求，但他来之前并不清楚自己想要什么，需要逛逛或者浏览才能确定自己需要什么。

超市或者综合电商都属于混合上述两种情况的例子，顾客可能因为想买某种产品而来（有明确指向），也可能逛逛或浏览才知道自己需要什么（无明确指向）。

对于顾客没有明确产品指向的情况，CRM 的任务是吸引或者提醒顾客来逛。顾客来了以后，企业可以根据顾客的浏览行为和以往的购物历史，测算其偏好，据此推荐最符合其偏好的产品。有的时候，预测顾客偏好并在线推荐产品，也是吸引顾客来逛的重要方式。

三、小结

现实中的行业太多，很难用有限的例子来涵盖所有的行业。本节虽然用了一些更容易泛化的分类方法，也无法考虑到所有的情况。理解本书所说的 CRM，还需要读者多想想其他的行业。看的行业多了，能发现的行业和业务的共性就会多，融会贯通不同行业的能力慢慢也就提高了。

本书后续章节所说的各种模型，通常是基于上述不同的情境做出的设定。读者阅读的时候，如果没有例子可供思考，可以考虑这些对应的情境。

第二章　预测重复性行为的基本思想

本章将针对重复性行为来讨论相关的预测方法。

重复性行为指的是什么，取决于决策问题。“重复性”在不同决策情境下代表的含义不同。如果想预测的是顾客什么时候会再来，则重点是顾客逛店行为的重复性。如果想预测顾客什么时候会再来购买某产品，则重点是顾客购买该产品的重复性。当然，也可以把同样的道理应用到预测观众看演出、患者去医院等重复性行为上。

泛化例子蕴含的道理很重要。大千世界无奇不有，靠例子或者简单的分类方法无法涵盖各个行业的多种情况。本书更多的是用最容易形象化理解的实体店购物行为（例如去超市购物）作为例子，但所体现的道理则并不局限于所举例子及对应的行为（例如逛或买）。当在道理上没有差别时，为了形象化，本书均用线下行为为例来说明。但这些道理在线上情境（例如网站、App、微信公众号和小程序等）中也是一样的。针对实体店的逛店和针对电商不同页面的浏览并没有本质的区别，本书所说的原理、模型和算法都能应用。如果线上行为本身有道理上的差别，本书则会单独用线上的例子来说明。具体到每个例子，读者完全不必那么僵化地认为只适用于那个例子特定的场景。

第一节　重复性行为背后的规律

一、顾客行为本身的重复性是预测的前提

所有对重复性行为的预测都建立在一个假设前提上，即顾客行为本身是具有重复性的。这种重复性的背后，是事物本身所蕴含的某种规律。我们可以从阈值和消耗的角度来思考，即事物要回到某个平衡点，随着日常的消耗，水平低于某个阈值时，就需要启动补充行为。我们能够从外界观察到的是此补充行为，但决定补充行为的是事物本身的特点。

二、必需品存在重复性需求的原因：阈值和消耗量

我们先以必需品的购买行为为例。多数家庭至少会有 1 卷左右的卫生纸库存，不会等到完全用完了才购买。这时，阈值就是 1。消费者每次可能购买一大袋即 12 卷卫生纸，如果每月消耗 4 卷，则买了一大袋卫生纸后（此时家中库存是 13 卷），过了大约 3 个月，库存又接近 1 卷。能够观察到的重复性行为是消费者大约间隔 3 个月会买一大袋卫生纸，而背后的规律其实是每月消耗 4 卷，只是这个规律仅仅依赖购物数据无法获知。

这里再说一个道理一样但描述起来更为复杂的例子。读者可以想想自己开车加油的情境。一般没人会开到一滴油不剩才去加油，通常是觉得差不多了就去加油。有人的“差不多”是加油灯亮了，有人的“差不多”是剩下一格油时。下次什么时候加油，取决于油量消耗的快慢，背后则是车辆开了多远的距离。站在加油站的角度，车主的开车行为数据不太容易获得，通常能够知道的是车主间隔多长时间来加油，每次加多少钱和多少升的油。

三、非必需品存在重复性需求的原因：心理阈值和消耗量

必需品的重复购买容易理解。为什么有些非必需品也会呈现出重复性消费呢？例如，有人隔一段时间就会去吃麻辣烫，有人隔一段时间就会去逛街。这些难道也有阈值和消耗吗？

这类行为解释起来比较复杂，需要根据不同的情况采用不同领域的理论。例如，定期吃麻辣烫的原因可以从生理和心理两个角度分析。从生理角度分析，可以把吃麻辣烫当作吃饭来理解，只不过多数人吃饭的频率是一日三餐，而吃麻辣烫的频率可能是一月三次。区别只是通常一餐的消耗速度大约是半天，而一顿麻辣烫的消耗速度大约是 10 天而已。从心理角度分析，有些人吃完麻辣烫或者逛完街，内心的愉悦感会达到一个较高的水平，但之后每天的工作、学习伴随很多的“不爽”，会不断消耗之前积累的愉悦感。在愉悦感消耗到一定程度时，消费者就需要“放纵”一下来补充消耗掉的愉悦感。工作、学习压力大的消费者，“不爽”较多，愉悦感消耗得快，需要“放纵”一下进行补充的频率就高一些。我们仍旧受限于数据的可获得性，无法获知消费者的“不爽”程度，能够观察到的只是他们多长时间来吃一次麻辣烫或者逛一次街。这背后的规律仍旧是“不爽”消耗愉悦感的速度。

如果不存在上述提及的阈值和消耗过程，则重复性行为的基础也就不存在了。本书所说的预测重复性行为的分析方法自然也不可能管用。

四、非重复性行为所蕴含的重复性

理解消费者行为的时候，存在不同层次的视角。比如，多数人买一张电脑桌后，短期内不会重复购买，不会有重复性购买行为。预测某一消费者下一次再买电脑桌是什么时间，会比较困难，意义也不大，但预测他什么时候会再来店里逛逛则是可行的。我们可以想想类似曲美这样的家具店应该如何预测顾客的重复逛店行为。消费者绝大多数的逛店行为本身就蕴含着前面提到的阈值和消耗的逻辑，具有一定的重复性。

如果把买了电脑桌的消费者的数据放到一起来看，可能会发现其中不少人过了一段时间会买尺寸更大的显示器或者打印机，又过了一段时间，他们会买打印机耗材等。从一个比较小的时间跨度看，仅仅看顾客购买电脑桌的行为，会发现不存在重复性。但从逛店或者购物这个更广的视角看，消费者的行为仍旧具有某种重复性，他间隔一段时间又会购物（例如买打印机、打印机耗材等）。虽然“购买电脑桌”这个行为没有重复性，但购买办公设备（电脑桌、打印机、打印机耗材）是具有重复性的。

当然，间隔的这个“一段时间”，可能不同的人在购买不同的产品上会相差很大。例如，可能会有 30%的人间隔 1 个月，20%的人间隔 2 个月，还有 10%的人间隔 3 个月，剩下 40%的人间隔 4 个月到 10 个月不等。这实际上可以用某种概率分布来表示。后面的章节会详细说明这方面的预测。

第二节　用个体的过去行为预测其未来行为

本节不涉及任何具体的公式，先从核心思想上把预测重复性行为的道理说明白。

一、预测顾客下次行为所需的数据

多数传统企业拥有的数据，就是某个顾客什么时间来过店里，买了什么，花了多少钱。如果企业仅仅知道每天卖了多少货、收了多少钱，或者稍微好一点，知道或者能够感受到今天来店里的顾客数量是多是少，但无法了解单一顾客的情况，则这个企业就过于“传统”了。这类“传统”企业已经脱离了本书讨论的范围。这种企业首先需要提高信息化或者数据化程度。

本书提到的了解单一顾客的情况，并不是要知道顾客的各种背景信息。预测所需的只是能够识别出是这个顾客而不是那个顾客。例如，某个顾客之前来过店里，因为某种行为留下了记录，IT 系统对该顾客有个随机编号，例如“1234”。预测所需的只是下次再有顾客来的时候，我们知道进店的这个顾客是不是“1234”。或者他是可识别的另外一个编号为“2345”的顾客也行。我们并不需要知道这个顾客是男是女、年龄多大、收入如何、住在哪里等。虽然了解的顾客信息越多，可以据此做出的预测越多，但至少本节并不需要这么多的信息。

与本节有关的最简洁、最典型的信息只有两个，即进店时间和顾客 ID。其中顾客 ID 只是用于区分不同用户，所以核心信息只是进店时间。预测所需数据如表 2－1 所示：

表 2-1　预测顾客重复性行为所需的关键数据

日期	顾客 ID
2019/1/1	1234
2019/1/12	2345
2019/1/24	1234
2019/2/1	1234
2019/2/24	2345
2019/3/3	2345
2019/3/12	1234

二、预测个体顾客下一次到店会间隔多久

我们还是用第一章中商户钱广和顾客赵轻松（顾客 ID：zqs）买醋的例子。已知 zqs 之前买醋的行为，我们需要预测他未来什么时候会再买醋。这里的本质是知道顾客过去的行为，这个行为可能是购买，也可能是逛店，而在电商的情境下，可能是登录网站，或者是点击网页。具体采用什么行为的数据，取决于要预测什么，是下次购买还是下次来店里，或是下次登录等。

假设统计出过去的一年里，ID 为 zqs 的顾客两次购物间隔的天数为：间隔 5 天的有 4 次，8 天的有 10 次，10 天的有 12 次，13 天的有 9 次，15 天的有 5 次。总的次数是：4＋10＋12＋9＋5＝40 次。如果直接用出现的次数，画出频次分布图，则得到第一章中的图 1-1 所示的图形。

如果知道了顾客 zqs 最后一次来购物是哪一天（例如，4 月 1 日），想知道他下次来是哪一天，本质就是要预测间隔的天数。如果预测出间隔 10 天才来，则该顾客就是 4 月 11 日会来购物。我们应该据此备货。当顾客 4 月 14 日甚至 4 月 16 日（间隔天数已经超过了以往的最大间隔天数 15 天）还没有来的时候，顾客流失（不再来）的风险就很高了。此时商家通常应该通过营销活动进行干预，以便吸引顾客来店里，挽回要流失的顾客。而对于没有流失风险的顾客，则无须加以干预。通过这种精细化的区分，促销费用的使用会更有效。

在阅读本书的过程中，读者可能会觉得某些内容似曾相识。这是因为写作的过程中，笔者会在突出主题的情况下，尽量保证每个例子和每一部

分内容的完整性，让读者能够看到事物的全貌。这样做主要有两方面的考虑：第一，很多读者并不会认真阅读本书的每一部分，常常是随手一翻，任选一个例子来看。读者未必读到了其他章节的内容，即便读到了，也未必能够跟当前看到的例子联系起来。第二，笔者给学生上市场营销课的时候，总是先用一个综合案例，把市场营销的各部分都包含进去；然后会换用新的案例，讨论市场营销的各个部分。但每次用的仍旧是完整的案例，只是关注的是营销的某一部分职能而已。本书的写作也是采用类似的逻辑。即第一章用一个相对完整的案例介绍了 CRM 的整个应用领域，然后每章所用案例仍旧是从全局的角度来看局部，想要说清楚每种分析指向什么样的实践应用。

三、间隔天数不是单一的确定值

从图 1-1 能够看出，顾客购物间隔的天数并不固定，那么如何判断下一次购物间隔多少天呢？

我们可以把刚才例子中预测的间隔天数 10 天，简单地理解为一个平均值。若要更进一步的话，我们则可以将其理解为一个类似于平均值的期望值。平均值的标准说法是算术平均值，就是把所有的数字都加在一起，除以数字总个数，最后得到的那个数值。期望值的道理与此类似，只不过是从概率的角度考虑，把不同概率（即可能性）下的情况都考虑到了，是对得到的按照概率发生的行为的简要描述。

我们可以计算这个例子中的期望值。顾客全年有 40 次购物，即 5×(4/40)+8×(10/40)+10×(12/40)+13×(9/40)+15×(5/40)=10.3 天。

用 Excel 表计算，如表 2-2 所示：

表 2-2　间隔天数的期望值（间隔天数经概率加权后的平均值）

间隔天数	频次	概率	间隔天数×概率
5	4	10%	0.5
8	10	25%	2
10	12	30%	3
13	9	22.5%	2.925
15	5	12.5%	1.875
合计	40	100%	
概率加权值			10.3

四、理解现实是最重要的，不要被数学和统计困住

本书的写作方式是从最简单、最容易理解的事情说起，逐渐增加复杂性。采用的各种数学、统计、计算机概念也会逐渐复杂，以便读者（主要是企业各层级管理者）在阅读的过程中能够一直坚持到自己所掌握的数学知识能够理解的极限。本书引用数学和统计的各种概念或者公式的时候，重点不是保证表述严谨和正确，而是尽量容易理解。对于能做出 CRM 决策的人来说，他们晋升至有决策权的职位时，上学期间学过的各种数学和统计知识已经忘得差不多了。内容再严谨、再正确，如果他们不能理解，实际上是在做无用功。本书数学、概率有关计算的严谨性依赖于所引述的各种研究成果，而不取决于笔者的表述过程。

简单点说，即本书在表述上重在易理解，可能不够严谨。不过读者不必为此担心，本书涉及实际计算和实践应用时，现有研究在该领域认知的极限范围内，充满了严谨性。

五、可以针对每个顾客预测其相应的间隔天数

回到之前的例子。钱广可以利用他所积累的数据，计算出赵轻松（zqs）间隔 10.3 天应该会来购物一次，从而据此做出对应的营销决策。如果上述例子中的间隔天数代表的是赵轻松买醋的间隔天数，则计算出的 10.3 天是赵轻松下次会来买醋的间隔天数。只要钱广记录了上次赵轻松是什么时间来买醋的（比如 4 月 1 日），那么加上 10.3 天，大致就能预计赵轻松 4 月 11 日或 4 月 12 日应该会再来买醋。

上述信息在电商情境中很容易分析。电商平台存储的数据完全可以按照用户提取，这样，就能计算该用户过去一段时间不同时间间隔的登录（或逛店）频次。如果提取的是该用户购买某种产品的时间，通过统计用户购买该产品的不同间隔天数出现的频次，同样能够计算出类似上面例子中 10.3 天的期望值来。当然，这个 10.3 天其实代表的是图 1－1 那样的一个频次分布。企业决策者可以根据类似的频次分布，调整对应的营销决

策以便让营销活动（如促销）更有针对性。本书的重点是预测，至于有了预测结果以后如何根据预测结果进行决策，相关的书籍已经很多，本书不再赘述。

六、有多种概率分布可以描述顾客不同类型的行为特征

本节的例子是用平均值或者期望值简单表示购物的时间间隔。实践中在计算的时候，为了更为准确，通常会采用某种概率分布。例如，像图 1-1 那样的凸形曲线，像座山的形状，中间高、两边差不多一样低，可以用正态分布表示。如果是其他形状，则可以用其他的概率分布表示。例如，如果山峰偏左一点，可以用某些参数的 Gamma 分布表示；如果山峰在两侧，则可以用某些参数的 Beta 分布表示。在此可以先把 Gamma、Beta 理解为某种形状的代号，具体的表达公式下一章会详细介绍。

这里简要回顾一下概率相关知识。概率分布如果用图示化的方式形象表示，可以用横轴表示数据（例如间隔天数）的值，用纵轴表示横轴上对应数据值发生的概率（目前先这么理解，但很多时候纵轴其实代表的是概率密度不是概率本身），如图 2-1 所示。

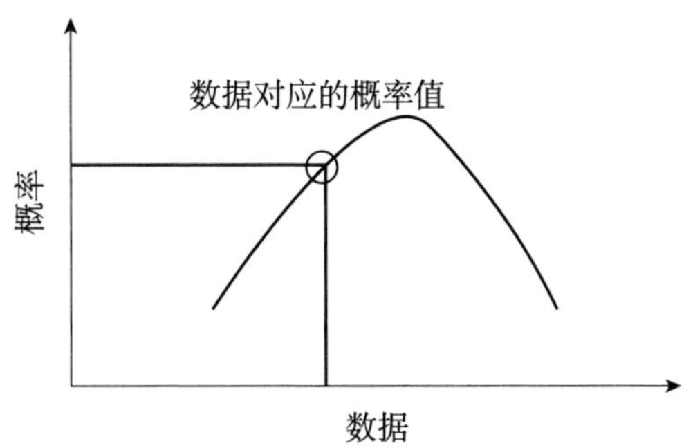

图 2-1　概率分布图示化的形象表示

从本节的分析过程看，我们已经能够根据顾客以往的购买记录预测他什么时候会来，会买什么产品。问题似乎已经完美地得到了解决，但真的这么顺利和简单吗？

第三节　用顾客群的行为预测顾客个体行为

一、挑战：顾客个体的过去行为数据不足

“用过去代表未来”这个完美方案有一个前提，就是作为预测对象的顾客要有足够的逛店次数或者购买次数。表 2-1 中第二列的合计数 40 次如果是某个顾客过去一年的逛店次数（平均 365/40≈9.1，即大约每 9 天来店里一次），那么基于这个数据，对他未来的行为进行预测还是有可能的。可惜的是，每个店铺、每种产品绝大多数的顾客都没有这么高的逛店或者购买频率。虽然顾客过去 10 年的数据有可能累积到这么多次数，但时间太久，顾客行为很可能已经发生了变化。消费行为常常是不断变化的，只有用近期的行为数据来预测才比较准确。预测时遇到的第一个问题，就是即便行为没有发生变化，“过去”所包含的重复次数也不够多。

另外，对于近期才来店里或第一次才买某种产品的顾客，数据记录表明他们的购买频率很低，甚至为零。针对这些低频顾客，上述方法基本失效，那有什么新的办法吗？

除了低频顾客，新顾客也给预测带来了挑战。我们还用钱广的例子：钱广的店里最近来了个新顾客李中华（ID：lzh）。钱广没有他的任何购买记录；或者，虽然李中华买过一次醋，但还没有买第二次。钱广仅仅依靠李中华的一次购物记录，完全无法计算 ID 为“lzh”的顾客的购物时间间隔。那我们能不能用顾客赵轻松（ID：zqs）的购物间隔时间来预测李中华的购物时间间隔呢？

二、应对方案：寻找类似群体

用其他人的行为数据来模拟预测对象进而进行预测，在道理上应该是可行的。只要赵轻松和李中华两个人对醋的消耗量差不多。但钱广完全不了解李中华的背景，无法判断其消耗量。钱广根据当地的整体情况进行估计，假设李中华和赵轻松两个人吃醋的行为模式差不多。

如果当地的风俗差不了太多，每个人买醋都是为了吃饺子，而不是吃山西刀削面，则钱广就可以用与李中华相似的一群顾客的购买频率来预测

李中华的购买频率。既然钱广也不知道顾客里面哪些人跟李中华更相似，那就简单一些，可以把所有顾客当作一个群体来用。通过统计这些顾客的购物时间间隔，仍旧可以得到类似于图 1－1 或者表 2－1 那样的结果。这就变成了能够解决的问题。

如果钱广将来有了更多的顾客行为数据或者背景信息，能够更准确地判断哪些顾客和李中华相似、哪些顾客和李中华不一样，则也可以只用相似顾客的信息进行预测。这其实就涉及将来要进行顾客细分的问题了。本书最后一章会讨论寻找相似顾客的方法，会使用其他的数据来判断顾客的相似性。或者，我们也可以通过营销活动调整或者改变顾客的购物频率。

还是回到本节所讨论的问题上。当有了一群和李中华相似的顾客的数据，我们应该如何预测呢?

之前预测顾客赵轻松的购物时间间隔时，思路是统计该顾客不同间隔天数出现的频次，既可以简单一点直接用平均值（误差肯定挺大），也可以复杂一点，用某种期望值仍然是 10.3 天的概率分布来表示。不论是哪种方法，本质上道理并没有变化。

现在要用顾客群的数据来预测个体行为，首先就需要预测顾客之间的差别。我们在学术上把这叫“异质性”（heterogeneity）。之前用过的平均值和期望值能够表示顾客群的整体情况，但无法表示顾客之间的异质性。如果用简单一点的方法，可以用方差或均方差来表示顾客之间的差异大小，核心含义（不是指公式）是每个顾客的取值和平均值的差异。顾客之间差异越大，方差应该越大。不过和平均值类似，它蕴含的信息还是不够充分，对现实世界的表示不够细腻。我们可以采用更为复杂的概率分布形式，以充分表示顾客之间的差异。

三、用例子来说明平均值和方差的差别

如果非技术背景的管理者觉得上述内容不易理解，可以想象以下情境：

情境 A：用已知预测未知。相当于用一个人去年 1—12 月的收入预测他今年 1 月份的收入。

情境 B：当这个人换了工作后，在新单位没有他去年的收入信息可

用，如果想预测他今年 1 月份的收入，则只能用新单位类似岗位 1 月份的收入进行预测。

给情境 A 举个例子如下：这个人去年 1—12 月的收入分别是 3、2、1、1、2、3、3、2、1、1、2、3，计数单位是万元。月收入相差这么大，是因为他干的是销售之类的工作，收入中很大一部分来自业绩提成。其中，他的收入有 4 个月是 3 万元，4 个月是 2 万元，4 个月是 1 万元，平均月收入为 2 万元。如果用平均值或期望值进行预测，则他今年 1 月份收入应该是 2 万元。如果用去年同期的数据进行预测，则他今年 1 月份的收入应该是 3 万元。不同方式预测结果相差 50%。

给情境 B 举个例子如下：这个人的新工作是在某明星工作室负责对外联络。假设该明星名义年收入为 1.2 亿元（包含各种来源收入），即平均月收入为 1 000 万元。明星个人的平均月收入（1 000 万元）和工作室另外 9 个人的平均月收入（合计 10 万元）加在一起再平均一下（1 010 万元/10 人=101 万元/人），人均月收入为 101 万元。外人如果用平均值来判断是否值得去该工作室工作，则会觉得收入看起来不错呀。但如果看人群分布，只有 1/10 的人的平均月收入为 1 000 万元，其余 9/10 的人平均月收入 1.1 万元（即 10 万元/9 人 =1.1 万元）。这样预测的误差也太大了。

从以上简化的例子可以看出两点：第一，如果顾客之间差异很大，就需要分成不同的群体分别预测；第二，简单地用平均值进行预测有可能误差很大。

我们现在简要回顾预测重复性行为的核心思想。如果有预测对象（如顾客）之前的行为记录，可以通过其过去行为预测其未来行为。如果没有该顾客的过去行为记录，可以使用与该顾客相似的群体的过去行为，来预测该顾客的未来行为。简单来说，就是“用过去代表未来，用群体代表个体”。

用“过去代表未来”的前提条件是顾客的行为模式从过去到未来没有发生变化，或者变化不大。如果变化较大，在预测的过程中就需要把这种变化考虑进去。这种情况下，预测的整体逻辑虽然没有发生变化，但预测的具体方法会变得更为复杂。类似地，用“群体代表个体”的前提条件是个体和群体相似。如果个体和群体相差太大，则不能简单用群体来代表个体。这时候往往要用到市场细分的逻辑，即把人群分成很多个小群体，从中找出与个体最相似的小群体，用该小群体的行为来代表要预测的个体。极端情况下，这个小群体甚至是一个相似的个体。

电商平台的推荐系统所用的逻辑也与此类似，分为找相似顾客和找相似产品两大类。找相似顾客通常不是看顾客在人口统计信息上的相似性，而是看顾客行为（主要是反映偏好的行为）的相似性。例如，两个顾客同样都买过什么产品、同样都评价过什么产品或者同样都对哪些产品犹豫不决等。从“买过”到“犹豫”，是在相似上从选择结果相似到选择过程相似的不断深入，乃至延伸到购物频率相似。其核心是从一些方面的相似性（例如购物过程和购物结果）来推断另外一些方面的相似性（例如购物频率）。当然，与此对应的是要分析的数据量和所需计算能力的成倍上升。相似产品则主要是根据产品特征或者顾客评价的相似性进行判断，与判断相似顾客的整体逻辑类似。

有了对预测所采用核心思想的理解，下一章就可以展开讨论各种具体的预测方法了。这时需要引入数学或者统计方面的一些知识和表达方式，看起来会稍微复杂。不过核心思想并没有变化，仍旧是本章所说的这些。

第三章　预测重复性行为的基本方法

本章开始要用到数学和概率方面的一些说法。不过读者不用担心自己的数学基础不够扎实。本章的重点是用数学和概率表达预测的思想，并不是概率知识本身。实践中具体计算时，用的是程序代码甚至现成的软件包。本章的目的是让读者理解每种计算方法的思想：一方面，在跟人沟通的时候能够听懂对方在说什么；另一方面，在需要做决策的时候能够做出合理的选择。

第一节　用个体的过去行为预测其未来购物时间

理解了预测的核心思想，剩下的就是具体怎么计算的问题了。每种预测方法都是针对某种情境提供的解决方案。实际应用时需要先弄清楚情境，这样才会知道选择哪种预测方法能够更好地解决这个情境下的问题。

一、情境：有顾客个体过去的购物日期记录

继续用钱广开店的例子。钱广记录了顾客（比如赵轻松）每次来店里的时间（年月日），想要预测顾客下一次什么时间会来店里。

如果把这个情境描述得复杂和贴近现实一些，就是这样的：根据店铺IT系统中的记录，ID为“zqs”的顾客4月8日来过店里购物，我们想预测他哪天还会再来购物。如果描述得更复杂一些，那就是我们想预测zqs某天（例如4月19日）来购物的概率有多大。

IT系统会记录zqs在4月8日购买了哪些东西，数据包括：

商品：醋

品牌：灯塔牌

规格：500g

价格：9.0元

促销：否

除此之外，IT系统通常还会保存其他方面的更丰富的信息，也会包括zqs在4月8日之前的购物记录。其他各种信息虽然都很有价值，但与我们的预测并不直接相关。因此，我们在进行预测的时候可以忽略那些无关信息，只使用“4月8日”这个日期信息以及之前的购物日期信息。

我们要预测的其实不仅是zqs在4月19日这一天来购物的概率，还应包括他18日、20日或者其他日期的购物概率，或者他在一个时间段内（例如4月8日到4月19日）购物的总概率。预测18日和20日两个日期，可以决定是否在特定某天（例如4月19日）开展促销活动；预测一段时间，则可以决定促销活动开始和结束的时间（例如4月8日到4月19日之间促销）。

简单来说就是，已知顾客之前一段时间在哪天买过东西，想预测顾客最后一次购物之后的某一天或者一段时间产生购物行为的概率。

二、IT系统中的实际数据

我们刚才谈到了企业留存的数据内容，现在来看看未经抽象的实际数据。如果你手边没有合适的数据，可以看看自己在超市购物的数据。例如，你可以打开自己的微信，找到“支付”→“钱包”→“账单”，选择“导出账单”。你收到的邮件就会包含一个加密的“微信支付账单.csv”附件。其中可能包含的内容如表3-1所示：

表3-1　微信账单可能包含的内容

--------微信支付账单明细列表--------									
交易时间	类型	对方	商品	收/支	金额（元）	方式	状态	交易单号	商户单号
……	……	……	……	……	……	……	……	……	……
2019/3/26 21:26	商户	多点	42353	支出	40.25	零钱	成功	420000	1800011

续表

--------微信支付账单明细列表--------									
交易时间	类型	对方	商品	收/支	金额（元）	方式	状态	交易单号	商户单号
2019/3/31 19:26	商户	多点	46786	支出	196.00	零钱	成功	873532	8645263
2019/4/8 18:16	商户	多点	56853	支出	33.29	零钱	成功	902068	5494481
……	……	……	……	……	……	……	……	……	……

表 3-1 是某个 ID 的顾客（例如 zqs）的付款记录，其中第一列是交易时间。表中一共显示了三条购物记录，简单计算，能看出分别间隔了 5 天和 8 天。

把这个顾客一段时间内的所有记录都统计一下，可以得到类似于图 1-1 或表 2-2 那样的图表。

从表 2-2 的第二列可以看出，该顾客最常见的购物时间间隔是 10 天（出现 12 次，占比 30%），其次是间隔 8 天（出现 10 次，占比 25%）和 13 天（出现 9 次，占比 22.5%）。如果上一次购物发生在 4 月 8 日，那么他很可能会在之后的 8～13 天内再次购物（概率为 30%＋25%＋22.5%＝77.5%）。如果具体到某一天，则之后第 10 天再次购物的可能性最大（概率为 30%）。

三、预测任务：顾客间隔不同天数来购物的概率

通过表 2-2 的例子，我们大致明白了预测的原理。那么，有没有什么方法能够比较准确和专业地完成上述计算过程呢？

此处的计算目标是顾客间隔不同天数的购物概率。本质是要找到一个函数，这个函数能表达出购物概率和间隔天数之间的关系，类似于：购物概率＝f(间隔天数)。其中，“f” 表示已知的自变量 x（即间隔天数）和未知的因变量 y（即购物概率）之间的关系，通常用某种函数（function，缩写即 f）来表示。

四、预测时常用的基础概率分布：指数分布

有研究认为①，顾客间隔不同天数产生购物行为的概率服从指数分布（exponential distribution），总体假设是，距离上次购物越久（即间隔天数越多），再次购物的概率越小。回想一下我们自己的购物经历，如果是重复购买的产品，从一个店铺刚买完东西不太可能第二天又买，而如果隔了很久不买，则我们可能不想买了或者到别的地方买了。也就是说，刚买完再次购买的概率会很小，间隔很久再买的概率也会很小。指数分布的假设至少听起来和描述的后半部分有些接近。为了便于理解，这里先用指数分布来说明道理。实际计算的时候，可以根据已有的数据选择合适的概率分布，或者直接通过计算拟合得到最合适的概率分布。

指数分布的概率密度函数（probability density function，PDF）如式（3－1）所示：

$$PDF_{exponential}(Interval = t \mid \lambda) = \lambda e^{-\lambda t} \tag{3-1}$$

式中，t 代表间隔的天数，相当于表 2－2 第一列中的某个数值。式（3－1）等号左侧相当于表 2－2 中的第三列，等号右侧表示计算出第三列的方法。式（3－1）与表 2－2 的不同之处在于，表 2－2 是我们根据已知数据（即顾客过去的购买记录）统计出来的，间隔天数只存在某些特定的值（例如间隔 5 天或者 8 天），而使用式（3－1）首先要用购买记录计算出式（3－1）中的参数，然后用参数去计算各种间隔天数（包括原来记录中没有的间隔天数）对应的购物概率。

指数分布的概率密度图如图 3－1 所示。请注意，概率密度并不等于概率，就像“速度”并不等于“距离”一样。因而概率密度值完全可能大

---

① 本书的目标读者是企业中的实践者，包括做出数字化决策的高层管理者和具体负责的中层管理者。本书的目的是把现有的研究，用实践者容易理解的方式表述出来。本书追求的是可理解性而不是严谨性。严谨性依靠的是这个领域的现有研究。本书引用文献时只明确提及关键论文，便于实践者需要的时候去深入阅读。其他非关键节点论文，不再逐一列明出处。这主要是避免列出论文太多，实践者反而弄不清楚哪个是重点了。本书所有关键知识都不是笔者研究得出的，套用流行广告语，笔者只是“知识的搬运工”。笔者非常感谢当年研究得到这些成果的研究者。笔者在本书中的贡献只是用实践者能够理解的方式表述了现有的研究成果。虽然没有逐一列明所有成果的出处，但必须承认这些成果本身均不是笔者的贡献。

于 1。你可以把概率密度理解为速度，把概率理解为距离。既然“距离＝速度×时间”，则相应地，你也可以理解为“概率＝概率密度×间隔时间”。即概率实际上是图 3－1 中曲线和位于其下方的某两个时间点之间的间隔组成的图形的面积。

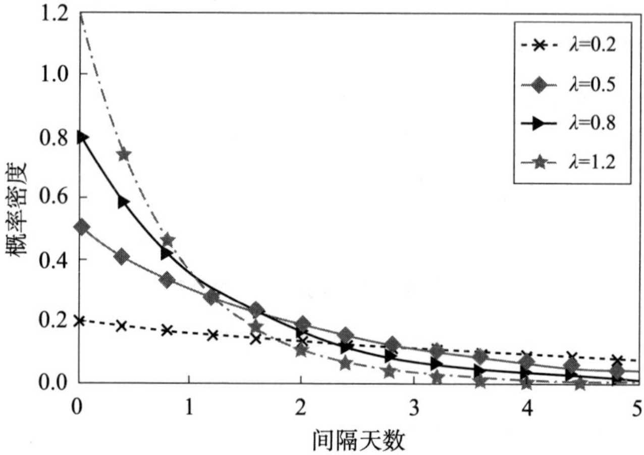

图 3－1　指数分布的概率密度

式（3－1）其实只有一个参数，即 λ。e 是已知值，大约是 2.718 28。t 则是自变量，是你预测时要针对的时间间隔（即间隔多少天）。

λ 在购物情境中的含义是单位间隔天数发生的购物次数，通常用一个时间区间的购物次数除以区间总天数得到。例如，如果要预测赵轻松上一次购物后间隔不同天数的购物概率，则 λ 就是赵轻松以往单位间隔天数的购物次数。假设表 3－1 对应的微信账单就是赵轻松以往的购物记录，第一列“交易时间”一共包含有三条数据，分别是 3 月 26 日、31 日和 4 月 8 日。我们进行简单计算就能看出，从 3 月 26 日到 3 月 31 日间隔 5 天，从 3 月 31 日到 4 月 8 日间隔 8 天，合计 5＋8＝13 天，也就是 13 天发生了 3 次购物行为。λ＝3 次/13 天＝0.23 次/天。你可以简单地认为赵轻松平均每天购物 0.23 次。把刚才计算时的分子分母颠倒一下，即 13 天/3 次＝4.3 天/次。这代表赵轻松每次购物需要经过 4.3 天，即平均每 4.3 天来购物一次。

前面的计算过程就是简单地把日期相减，并没考虑计算间隔天数的时候是否去掉开始和结尾那两天。实际工作中，我们很少会用三条记录作为依据，通常都会采用更多的购物次数。实际计算时，更多是用现成的程序代码来解决，这里主要是为了说明道理。日期相减在各种计算机语言（如 Python）中都有对应的模块，没有我们这里按月计算这么麻烦，到时候写代码计算即可，读者不必担心。

表 3-1 虽然是实际数据，但本书只截取了其中三条用于举例，这样更便于口头计算。在实际进行预测的时候，如果一个消费者只有三次购买行为，往往会被归到数据不足那一类，当作新顾客来处理。预测这种顾客时，往往是用顾客群的行为来预测个体。

λ 代表的是顾客平均每天来购物的次数。λ 越大，代表顾客来得越频繁，图 3-1 中的曲线就越陡峭。这意味着频繁来店里的顾客如果间隔了好几天还不来店里，再来的概率就会大幅下降，这也与常识一致。从图 3-1 能够看出，不论 λ 的值是多少，时间间隔超过 5 天以后，概率密度就降到很低的水平了。

第二节 预测时各种可采用的概率分布

指数分布只需要一个参数 λ。它虽然简单，但不能与常识（即现实世界）完全匹配。假定顾客购物行为服从指数分布没有太大的问题。但也有人认为顾客刚买完东西的那几天再次购物的概率很小，即间隔天数较小时，购物概率也很小；然后购物概率会上升到最大值；之后则随着时间延长，购物概率逐渐下降。我们可以思考一下顾客购物时间间隔的特点，顾客距离上次购物时间越长，再来购物的可能性越小。这样来看，购物间隔天数的概率分布的形状应该类似于倒 U 形，或者更通俗点说，像个山包的形状。

埃尔朗分布（Erlang distribution）适用于刚买完再次购物概率很小的情况。Erlang 分布的形状是一种山的形状。本书虽然提到了 Erlang 分布，但因为其他的概率分布能够涵盖 Erlang 分布，所以，这里并不展开描述 Erlang 分布的任何细节。

统计学中有多种概率分布可以用于预测购物概率，本节做个概要介绍。

我们可以用最简单的方式，先只看概率密度函数的图示，就是类似于图 2－1 那样的坡形图。概率密度函数的图示形状多种多样，现实中最常见的是“山”形。差别只是有些像是尖尖的“山峰”，有些像是“山包”；有些“山”是对称的，有些“山”偏向一边。“山”的这些不同形状可以用不同的概率分布（对应不同的概率密度函数）来表示。

一、正态分布

呈“山”形的概率分布有很多种，最常见的是正态分布（normal distribution）。你看到“正态”二字就应该能意识到它要求某种形式的“正”，例如左右对称。正态分布如图 3－2 所示：

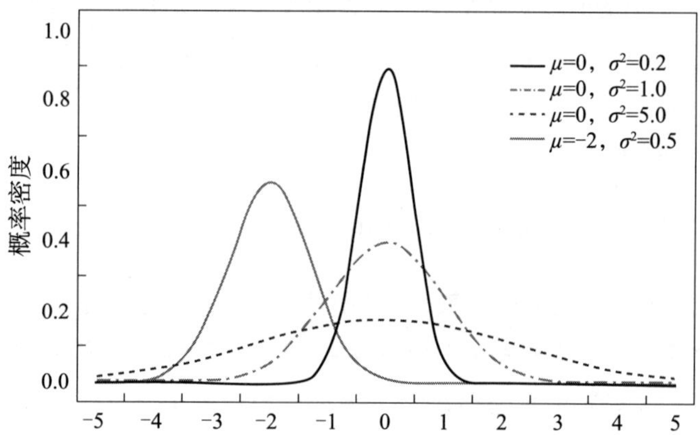

图 3－2　不同参数值（μ 和 σ 两个参数）对应的正态分布的形状

单纯从图形的形状可以看出，正态分布基本是左右对称的。正态分布的概率密度函数如下所示：

$$\mathrm{PDF}_{\mathrm{normal}}(\mathrm{Interval}=t \mid \mu,\sigma^2)=\frac{1}{\sigma\sqrt{2\pi}}\mathrm{e}^{-\frac{(t-\mu)^2}{2\sigma^2}} \tag{3-2}$$

不要被式（3－2）的复杂形式吓住了，本质上它只有 μ 和 σ 两个参数。如果我们有购物间隔天数的其中一组数据（例如表 1－2 的数据），就可以很容易地计算出 μ 和 σ 两个参数。

看表 1－2 的第二列“两次购物间隔的天数”，可以得到一组代表间隔天数的数据 11、12、8、23、7、9，这组数据一共包含 6 个数字。μ 和 σ^2 就是这组数据的平均值（mean）和方差（variance）。你当然也可以用其他的字母或者符号来表示平均值和方差，此处还是采用常用的符号 μ 和 σ^2。下面用表 1－2 的数据进行计算：

$$\mu=\frac{\sum t}{N}=\frac{11+12+8+23+7+9}{6}=\frac{70}{6}=11.7$$

$$\begin{aligned}\sigma^2&=\frac{\sum(t-\mu)^2}{N}\\&=\frac{(11-11.7)^2+(12-11.7)^2+(8-11.7)^2+(23-11.7)^2+(7-11.7)^2+(9-11.7)^2}{6}\\&=\frac{171.34}{6}=28.6\end{aligned}$$

有了 μ 和 σ 的值，就可以很容易将 t 置于横轴，将用式（3－2）计算的概率密度置于纵轴画出图 3－2 来。μ 影响“山”所处的左右位置（“山”本身仍是对称的），而 σ 影响“山”的陡峭程度（即尖尖的“山峰”还是“山包”）。σ 越大，“山”的形状越扁平。

二、伽马分布

伽马分布（Gamma distribution）是另外一种呈“山”形概率分布，你可以把它当作备选方案。Gamma 分布的概率密度函数图如图 3－3 所示：

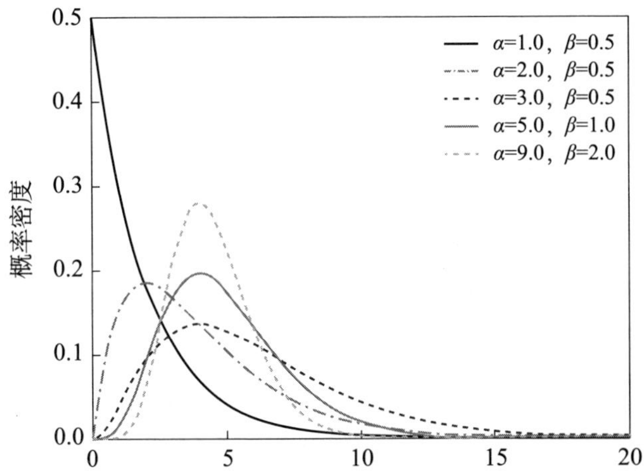

图 3－3 Gamma 分布的概率密度

Gamma 分布除了仍旧能够表示“山”的形状（“山峰”或者“山包”）和“山”所处的左右位置外，还可以表示“山”的不对称情况。在 Gamma 分布中，“山峰”或者“山包”的形状可以是偏左的，甚至可以只表示“山”的一侧。从这点来看，感觉 Gamma 分布应该涵盖了指数分布。实际上，Gamma 分布确实涵盖了指数分布，指数分布可以看作 Gamma 分布在某个特定值时的情况，后面会细说。从“山”的形状来看，Gamma 分布比正态分布提供了更大的自由度。

Gamma 分布的概率密度的计算公式如下所示：

$$\mathrm{PDF}_{\mathrm{gamma}}(\mathrm{Interval}=t \mid \alpha,\beta)=\frac{t^{\alpha-1}\,\mathrm{e}^{-t/\beta}}{\beta^{\alpha}\Gamma(\alpha)} \tag{3-3}$$

有的书用 κ 代表 α，用 θ 代表 β，只是所用符号不同，并没有实质的差别。

当 α 为正整数时，$\Gamma(\alpha)=(\alpha-1)!$，“!”表示阶乘。为了便于可能忘光了数学的管理者理解，下面举个例子：

如果 α 是 3，则 $\Gamma(\alpha=3)=(\alpha-1)!=(3-1)!=2!=2\times1=2$。

式（3-3）看着复杂，但从参数的数量来看，它和正态分布没差别，也只需要输入两个参数，只不过这次不是 μ 和 σ，而变成了 α 和 β 而已。

不要被式（3-3）的复杂形式吓住了。除了阶乘，其他都是常规的乘法或者指数运算，可用科学计算器计算。另外，代入现实数据实际运算的时候，你是用计算机程序（你可以简化又形象地理解为用 Excel 表）计算。不管公式看起来多复杂，只要是最终可以计算出结果的公式，都不是问题。

从 Gamma 分布的推导过程知道，一组购物间隔天数 t 的期望值（你就当作平均值来理解）和方差，与 α 和 β 具有如下关系：

$$E(t)=\mu=\alpha\beta$$

$$\mathrm{Var}(t)=\sigma^2=\alpha\beta^2$$

经过数学推导就能得到：

$$\alpha=\frac{\mu^2}{\sigma^2}$$

$$\beta=\frac{\sigma^2}{\mu}$$

这就变成了前面已知的 μ 和σ^2。我们还用表 1－2 中第二列“两次购物间隔的天数”数据，来说明如何计算 α 和 β。在正态分布那一小节，已经计算出 $\mu=11.7$，$\sigma^2=28.6$，则：

$$\alpha=\frac{\mu^2}{\sigma^2}=\frac{11.7^2}{28.6}=4.8$$

$$\beta=\frac{\sigma^2}{\mu}=\frac{28.6}{11.7}=2.4$$

有了 α 和 β 的值，你只要代入式（3－3），就能画出对应的 Gamma 分布的曲线或者计算不同间隔天数 t 对应的概率密度了。

不论 α 和 β 的值具体是多少，它们所影响的是图 3－3 中曲线的形状。α 决定山形曲线的形状是对称的还是偏向一侧，常常被称为形状参数（shape parameter）；β 决定曲线的陡峭程度（“山峰”还是“山包”），常常被称为尺度参数（scale parameter/rate parameter/inverse scale parameter），你可以把这个尺度理解为曲线散布有多广和多大的范围。

你从不同的书籍或不同的网站看到的 Gamma 分布可能会采用不同的符号，尤其是在采用 β 还是 $1/\beta$ 来表示上，最终得到的 Gamma 分布的公式可能和式（3－3）有些不同。有时候用更为本源的 κ 和 θ 来推导 Gamma 分布时，Gamma 分布的公式以及 α 和 β 的计算公式看起来都显得有些不同。在有的书中，当用 α 替换 κ、β 替换 $1/\theta$ 时，也可以把本书所描述的 Gamma 分布称为“倒 Gamma 分布”。如果用 κ 和 θ 来表示，图形会如图 3－4 所示。你会发现，在图 3－3 和图 3－4 中曲线的形状没有什么变化，差别只是当 α 和 κ 同样都是［1，2，3，5，9］时，图 3－3 中的 $\beta=$［0.5，1.0，2.0］对应的是图 3－4 中的 $\theta=$［2.0，1.0，0.5］，正好是$\theta=1/\beta$。这里用中括号“［1，2，…］”表示，采用的是 Python 中 list 的写法。

从上述转换可以看出，可以完全不必在意这些符号的变换和公式的具体表达。为了便于理解和应用，本书选择了最容易理解和看起来最简单的表达和计算方式。

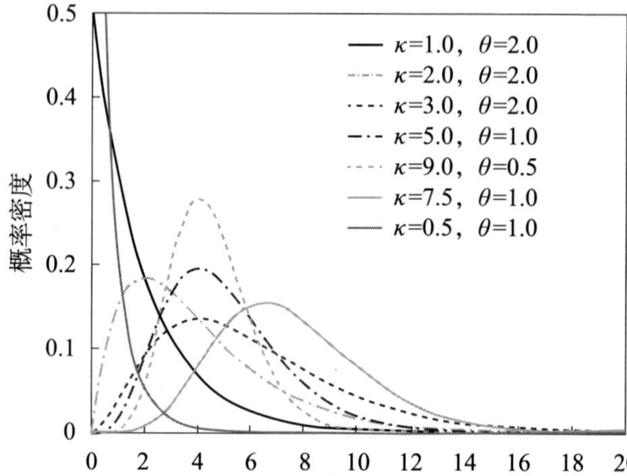

图 3-4　用 κ 和 θ 表示的 Gamma 分布的形状

三、伽马分布和指数分布的关系

当 $\alpha=1$ 而 β 用 λ 表示时，式（3-3）就变成了：

$$\mathrm{PDF}_{\text{gamma}}(\text{Interval}=t \mid \alpha=1,\beta=\lambda)=\frac{\beta^{\alpha}t^{\alpha-1}\mathrm{e}^{-\beta t}}{\Gamma(\alpha)}=\frac{\beta^{1}t^{1-1}\mathrm{e}^{-\beta t}}{\Gamma(1)}$$

$$=\beta\mathrm{e}^{-\beta t}=\lambda\mathrm{e}^{-\lambda t}$$

这等同于式（3-1），即 $\mathrm{PDF}_{\text{exponential}}(\text{Interval}=t \mid \lambda)=\lambda\mathrm{e}^{-\lambda t}$。

可以看出，指数分布是 Gamma 分布在 $\alpha=1$ 时的特例。实际上，Gamma 分布可以看作多个指数分布的叠加。

回顾图 3-1，它代表指数分布的概率密度。当时，我们根据每个消费者以往的购物历史数据，能算出一个对应的 λ 值，并能根据这个 λ 值在图 3-1 中画出一条对应于这个消费者的曲线。注意，这时该消费者的 λ 值是固定的。

如果是新顾客，因为没有以往的购物记录，所以无法算出其 λ 值。如果知道或者可以假设这个顾客和大多数顾客相似（例如山西某县的多数人吃醋的频率是差不多的），就可以用某个店铺已知的一群顾客的数据来代表那个新顾客。这一群顾客每个人的 λ 值可能都不一样，则会有一组 λ 值 $[\lambda_1,\lambda_2,\lambda_3,\cdots]$。如果把 λ 值单纯当作一个数字，则仍旧可以对这组 λ 值进行统计，最后发现这组 λ 值会服从某种分布。

也就是说，假设那个新顾客的购物行为服从参数为 λ 的指数分布，而这个具体参数 λ 又服从某种概率分布（指数、正态或者其他某种分布），把这两种分布“叠加”在一起，最后就形成了 Gamma 分布。

我们可以换一个角度，把 Gamma 分布看成一个类似于图 3-5 那样的三维图形，它有 X、Y 和 Z 三个坐标轴。横轴 X 仍旧与图 3-1 中横轴的含义一样，代表间隔天数；纵轴 Y 也仍旧代表概率密度。当你从图的右下角看向左上角时，看到的就是某个单一 λ 值对应的指数分布。但这次因为有了 Z 轴，这个 λ 值可以发生变化。你可以想象一下沿着右下方向左上方竖着放一叠常用的 A4 纸，每张纸上都画着一个 λ 值不同的指数分布。具体的 Z 值就是那张纸的编号，代表某个具体的顾客。这时还存在两种情况。一种情况是这一叠 A4 纸代表了整个顾客群，一张纸代表一个顾客。另一种情况是这个顾客很特殊，他易变，这一叠 A4 纸代表了他的每种变化。

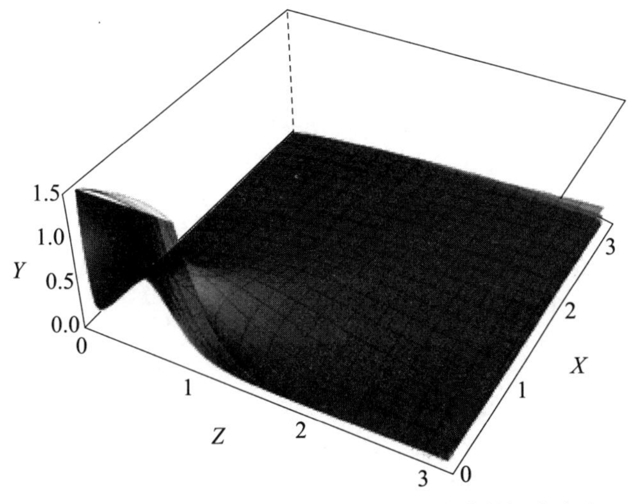

图 3-5　考虑 λ 值变化的三维 Gamma 分布的概率密度

四、贝塔分布

到目前为止，我们已经有了多种办法表示一个山形，它可以仅仅是山的一侧，例如指数分布或者某种 Gamma 分布；或者是一座完整的山（不论它是山峰还是山包，对称还是不对称)，例如正态分布或者某种 Gamma 分布。

现在换一个新的情境：某个顾客一段时间频繁地来购物，之后间隔很久不来购物，过一段时间又频繁购物。如果把这个现象还原为一个实际场景，这可能是一个常驻外地的人的购物行为。他每次回家小住几日，这几日会天天去超市买东西；然后他出差去外地，一去就是十天半个月。从超市的记录上看，这十天半个月他就像消失了一样。然后他回到本地又会频繁购物几日，之后又出差去外地。如此周而复始。

这样的顾客，购物间隔天数很小（如 1 天）和很大（如 12 天）出现的频率都很高，但间隔 7 天左右出现的频率则很低。如果将间隔天数置于横轴，将间隔天数出现的次数置于纵轴，从图形（实质上是概率密度图）上看，就会出现两头高中间低的形状。

当顾客购物间隔天数的概率密度函数的图形包含两个山形时，该如何表示呢？这时，双峰的贝塔分布（Beta distribution）就是一个备选方案。Beta 分布的概率密度如图 3－6 所示：

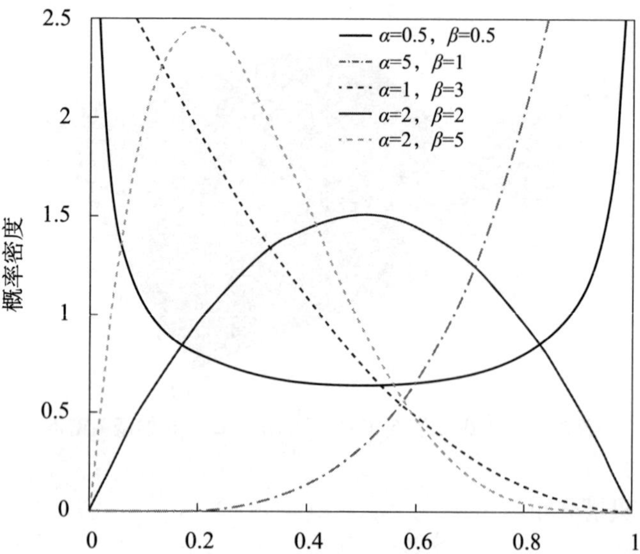

图 3－6　Beta 分布的概率密度

Beta 分布可以提供类似 U 形或者 M 形的双峰形状，这是之前介绍过的只能提供单峰形状的指数分布、正态分布、Gamma 分布所不具备的特点。

Beta 分布的概率密度计算公式如下所示：

$$\mathrm{PDF}_{\mathrm{beta}}(\mathrm{Interval}=t \mid \alpha,\beta)=\frac{\Gamma(\alpha+\beta)}{\Gamma(\alpha)\Gamma(\beta)}t^{\alpha-1}(1-t)^{\beta-1} \qquad (3-4)$$

式（3-4）看着复杂，但从参数的数量上来看，它和 Gamma 分布并没有差别，也只需要输入两个参数的值而已，还是用符号 α 和 β 来表示，只是它们跟前面 Gamma 分布用到的 α 和 β 的含义没有关系。

从 Beta 分布的推导过程知道，一组购物间隔天数 t 的期望值（你仍旧当作平均值来理解）和方差与 α 和 β 具有如下关系：

$$E(t)=\mu=\frac{\alpha}{\alpha+\beta}$$

$$\mathrm{Var}(t)=\sigma^2=\frac{\alpha\beta}{(\alpha+\beta)^2(\alpha+\beta+1)}$$

α 和 β 的值可以通过之前在正态分布中计算得到的 μ 和 σ^2（即平均值和方差）的值推导得到。结果是：

$$\alpha=-\frac{\mu(\sigma^2+\mu^2-\mu)}{\sigma^2}$$

$$\beta=\alpha\left(\frac{1-\mu}{\mu}\right)=\frac{(\sigma^2+\mu^2-\mu)(\mu-1)}{\sigma^2}$$

你还是不用管 α 和 β 的表达式有多复杂，反正只是基于 μ 和 σ^2 的加减乘除而已。之前你已经算出了 μ 和 σ^2 的具体值。

还是用表 1-2 中第二列“两次购物间隔的天数”这一数据说明如何计算 α 和 β。在正态分布那一小节，我们已经计算出 $\mu=11.7$，$\sigma^2=28.6$，则：

$$\alpha=-\frac{\mu(\sigma^2+\mu^2-\mu)}{\sigma^2}=-\frac{11.7\times(28.6+11.7^2-11.7)}{28.6}=-62.9$$

$$\beta=\alpha\left(\frac{1-\mu}{\mu}\right)=-62.9\times\frac{1-11.7}{11.7}=57.5$$

有了 α 和 β 的值，只要代入式（3-4），就能画出对应的 Beta 分布的曲线或者计算不同间隔天数 t 对应的概率密度了。

五、各种分布的小结

针对常见顾客行为的特点，本节介绍了几种进行预测时可能用到的概率分布。统计学中的概率分布有很多种，根据不同顾客的行为特点，可以选择不同的分布。

实际计算时，具体是采用哪种分布，要根据顾客过去的购物行为来决定。从道理上讲，哪种分布更贴合顾客的购物行为（类似于根据表 3－1 统计出的表 2－2[①]），就可以用历史数据计算得到对应分布的参数，进而使用该分布预测顾客的未来行为。这样的分布最贴合顾客的实际行为，所做出的预测应该也最准确。当然，购物行为具体贴合哪种分布，既可以基于现有理论进行推测，也可以通过计算机程序尝试各种概率分布，看看哪种分布拟合得最好。各种拟合数据满足哪种概率分布的工具可以参见本书附录 1。

如果不同顾客的购物频次相差较大，那么不仅最贴合每个顾客购物行为的概率分布具体参数的值可能不一样，甚至采用的概率分布也会不同。例如，最贴合赵轻松行为的是指数分布，而最贴合李中华行为的是正态分布。甚至，赵轻松上半年的行为更像指数分布，而下半年的行为变得更像正态分布。或者，即便同为指数分布，赵轻松上半年和下半年的 λ 值也可能不同。大数据时代数据的获取性和计算能力已经不是主要问题，“千人千面”推荐算法的兴起也使得针对每个用户采用不同分布进行预测成为可能，但总会有需要采用同样的分布对一批用户进行预测的情境。尤其是要求高时效、快响应的情境，或者需要用顾客群来预测单一顾客行为的情境，这时都要求我们用一个概率分布和一套参数来实现预测。

使用单一概率分布来代表有多种可能性的购物行为（例如要同时适用于赵轻松和李中华两种不同的行为），要求概率分布的形状有更大的可变化性。例如，要求代表概率密度函数的图形中山的形状可以陡峭，也可以

---

① 本书经常会出现根据后面章节的某个表中的数据计算得到前面章节的某个表的情况。这是因为，前面章节关注的是核心思想，假设所需的数据已经有了，后面章节关注具体计算方法，会针对原始数据讲述如何计算出前面章节所需的统计或计算后的数据。

平缓，可以对称，也可以偏向一边。当然，为了保证这种形状的可变化或者丰富性，概率密度函数所需的参数也就需要相应地增加。这类似于汽车在地面上行驶，操控改变的是前后左右；而飞机在天上飞，为了还能操控飞机向上向下，自然要增加更多的仪表或部件。

具有更大自由度的分布是狄利克雷分布（Dirichlet distribution）。这里的自由度指的是概率分布可以变化的领域数量。狄利克雷分布能够通过改变多个参数值生成多种其他分布，有时被称为“分布的分布”。你可以把它形象地理解为带有时空穿梭功能的飞机（即比普通飞机又多了时间轴）。如果固定时间参数的值，就是某个时代的飞机；如果进一步固定上下参数的值，飞机就类似于在地面上行驶的汽车；如果再进一步固定左右参数的值，就变得类似于只能前后开的高速列车了。参数越多，可以变化的领域就越多；相应地，模型也会越复杂，需要计算的参数会越多。

多数情况下，需要预测的顾客行为没有那么复杂，或者决策不需要实现那么高的精度，预测模型不需要像飞机那样适应各种情况，通常只要像汽车那样控制前后左右就能满足要求了。通常，我们需要在灵活性（伴随着适应性、复杂性）和简洁性（伴随着易用性、低精度）之间实现均衡。

第三节　用群体的过去行为预测相似个体的购物时间

前两节关注如何利用个体的过去行为数据预测其未来行为。在实践中，还存在其他的情况。

一、挑战：没有预测对象的过去数据

有的情境下，我们无法获取个体的过去行为数据。以传统的超市为例，顾客如果只用现金结账，则 IT 系统中记录的只是一笔笔交易，完全剥离不出每个顾客的记录。即便顾客使用微信、支付宝、银行卡结账，往往也只有流水号。若情况更好一点，也许有银行卡的后四位尾号，但并不足以清楚地剥离出每个顾客的购物记录。即便是超市老板，他有超市数据的完全使用权限，也会存在这类问题。

另外的情况下，我们甚至完全没有顾客的过去行为数据。例如，不可能有新顾客的以往数据，也不可能有顾客购买新上架商品的过去行为数

据。想要基于顾客个体的过去数据预测其未来行为就变得完全不可能。

这个时候，我们往往需要通过群体的数据，来推测个体的行为。

二、用群体数据预测个体行为的方法

用群体预测个体与通过个体的过去行为预测其未来行为类似。本质都是要先获得描述个体行为方式的一个或者一套参数，具体需要几个参数取决于所用的概率分布。在前几节中，我们是用个体的过去行为数据计算出这些参数。在本节中，因为我们没有个体的过去数据，只好用群体的数据来计算这些参数。简单地说，要计算的参数和计算方法和前面相同，区别只是所依赖的数据集不同。本节是用群体的数据来代替个体的过去行为数据。

三、预测时的一致性前提

不论是用过去来预测未来，还是用群体来预测个体，所采用的数据与预测对象的一致性都是前提条件。我们在预测之前，需要认真判断一下。

用过去来预测未来，主要考虑的是未来与过去相比发生了多大的变化。如果变化是 0，即完全没有变化，则可以完全用过去的数据代表未来。如果变化是 100%，即变得完全不同，则完全不能用过去来推测未来。实际情况下，变化幅度通常在 0～100%之间。最基础的模型往往假设变化是 0，复杂的模型假设变化更大。

用群体来预测个体，主要考虑个体和群体的差别。如果差别是 0，即个体和群体完全一样，则完全可以用群体的数据代表个体。如果差别是 100%，即个体和群体完全不同，则完全不能用群体来推测个体。实际情况下，差别幅度通常在 0～100%之间。最基础的模型往往假设差别是 0，即认为个体只是群体中的单个例子，可以用某种概率模型表示。当个体和群体差别较大时，往往需要通过类似市场细分的思路，对群体进行细分，找出其中与个体最为相似的子群体，然后用这个子群体的数据来代表个体。分割出相似子群体后，要解决的问题就变成了用差别很小的群体数据来推算个体行为，这是前面两节已经解决的问题。

对一致性的判断通常有两种方法：一种是完全基于数据拟合，通过数据来检验一致性。例如，可以看看同一顾客前后两个阶段的概率分布是否发生变化；或者采用本书第六章提到的决策树的分类方法，对顾客进行分类。现在有很多机器学习的方法（决策树是其中一种），可以完全通过算力尝试得出最优解。另外一种判断一致性的方法，是运用管理经验。在数据驱动的时代，管理经验仍有价值。经验代表了很多横跨数据来源和数据维度的洞察（insight），往往能解开数据本身的迷局。讲述管理经验的书籍很多，本书重点仍旧是应用数据来支持决策，讨论的核心是如何分析数据，就不再展开管理经验方面的讨论了。

第四节 预测个体的购物次数

前三节，不论采用何种方法，我们的预测目标都是顾客未来的购物时间，也就是两次购物之间的时间间隔有多长。有了这个预测结果以后，当观察到顾客最近的购物发生在什么时间，我们就能预测他下次会在什么时间（例如哪一天）来购物。

一、任务转换：从预测“间隔天数”到预测“购物次数”

除了预测间隔时间外，有时企业需要预测顾客的购物次数或者购物数量。例如，要根据每个顾客的购物偏好，预测他未来一个季度会买多少产品，以便据此提前备货。或者，要预测他未来较长时间的购物次数，以便为计算顾客长期价值提供依据。例如，我们需要预测未来一定时期内，顾客逛店的次数或者买醋的次数。这个“一定时期”到底是多长，一个月、一个季度还是一年，取决于决策任务本身。通常，间隔越久，精确度就会越低。除非用于预测顾客生命周期价值或者顾客终身价值（customer lifetime value，CLV），否则，实践中的操作逻辑不是提高远期预测的精确度（这很重要，但很困难），而是不断重复地进行滚动预测，然后根据这个不断更新的预测来调整决策。好在实践中计算程序一旦写好了，不断重复的滚动预测本身并不会增加太多的工作量，只是计算机多花几秒的时间计算而已。

现在要用数学工具解决的问题变成了未来一定时期的逛店或买醋次数。要完成这个任务，包括两部分的工作：一是找出合适的概率分布；二是算出对应概率分布所需的参数。

二、从日志数据中找出反映购物次数出现频次的概率分布

这很像是要画出一个类似于图 1－1 那样的图形，只不过现在要反映的不是不同的购物间隔天数出现的频次，而是一定时期内不同购物次数出现的频次。也就是说，横轴发生了变化，从“间隔天数”变成了“购物次数”。例如，可以统计出某个顾客过去 12 个月中不同月购物次数出现的频次。其实就是数一数他 12 个月中每个月来了店里几次，然后看看每类次数出现的频率。

我们依据的原始数据还是表 3－1 或者类似的交易日志数据（log data）。之前的分析只说有表 3－1 这样的数据，虽然当时说可以从微信上下载，但没再说细节。现在你已经对数据分析有了一些感觉，我们可以开始讲点细节了。本书之所以没有一开始就讲各种细节，主要是避免读者陷到这些细枝末节中，反而看不到全局。

表 3－1 可以看作一种日志数据。日志数据就是记录什么时刻发生了什么事情的数据。更规范的表述是，日志数据是 IT 系统记录的过程性事件的数据。每一条日志数据都包含 4W（who，when，where，what）内容。根据提取数据时的关注点，所生成的供分析用的日志数据也可以只包含 2W（when，what）。通常情况下，时间信息（when）总是会包含在内，否则就不是“日志”了。通过查看日志数据，你可以了解具体哪个用户、在具体什么时间、在哪台设备上或者什么应用系统中、执行了什么具体操作。

针对表 3－1 那样的日志数据，经过统计就能得到表 2－2 那样的数据表。

下面我们新建一个表，只取表 2－2 前三列的数据，并且在第一列“间隔天数”右侧插入新的一列，列名为“每月购物次数”（即用 30 天/间隔天数），得到表 3－2。注意，每月购物次数和该次数出现的次数（频次、概率）完全是不同的概念，因而“出现频次”“概率”两列完全不受刚才转换的影响，没有任何变化。

表 3-2　购物间隔天数转换成每月购物次数

间隔天数	每月购物次数	出现频次	概率
5	6.0	4	10%
8	3.8	10	25%
10	3.0	12	30%
13	2.3	9	22.5%
15	2.0	5	12.5%
合计		40	100%

然后，我们需要找一个概率分布来描述表 3-2 中的“每月购物次数”和“概率”，得到一个类似于图 3-1 那样的形状。只不过这次的横坐标不是代表“间隔天数”而是代表“每月购物次数”。

前两节已经说过，购物次数的概率除了可能服从图 3-1 那样的指数分布，还可能服从正态分布、Gamma 分布或 Beta 分布。根据第二节，其具体是哪种分布，只需要用数据拟合一下就能知道了。

三、计算相应概率分布的具体参数值

不论购物次数服从什么样的概率分布（即“山”的形状），只要它能够用某种数学公式（实际是概率分布公式）表示，并且包含的是数量有限的参数，我们总能想办法算出这些参数来。例如，假设找到的概率分布可以用公式“$y=a+bx$”表示（概率分布当然不是这个样子，只是用它来简单代表），那么 a 和 b 即为参数。我们希望所有的顾客都能用这一个概率分布来表示，希望不同顾客的区别只是 a 和 b 的差别。如果用下标“zqs”代表顾客赵轻松、用下标“lzh”代表顾客李中华，我们希望这两个顾客都能用“$y=a+bx$”这样的公式表示，x 代表已知的，y 代表想预测的。这里用的只是一个概念性公式，概率分布公式完全不是这个样子，但道理是一样的。对两个顾客而言，公式形式是一样的，区别只是预测赵轻松行为时，我们要用赵轻松的参数 a 和 b，即a_{zqs}和b_{zqs}；而预测李中华行为时，则用参数a_{lzh}和b_{lzh}。

因为a_{zqs}和a_{lzh}并不相同，我们希望能够用另外的包含某种参数的公式把a_{zqs}和a_{lzh}也表示出来。因为这个例子是从概率的视角考虑问题，所以，我们也会再用某种概率分布来表示 a 的分布，该分布代表了a_{zqs}和a_{lzh}按照什么样的概率会取什么具体的值。这就有点像图 3－5 那样，允许其中的 λ 值服从某种分布，只不过这里是允许 a_{zqs} 和 a_{lzh} 服从某种分布。事件本身就转化成一个只是跟概率有关的数学问题了。

四、预测所用的基础模型：NBD

下面引入比较容易理解的基础模型负二项分布（negative binomial distribution，NBD）①，来说明实际计算的思路。复杂的还有“BG/NBD”和“GG/NBD”等，区别只是考虑了更多的参数变化。这里提到 NBD 模型，一是感谢作者们当年的研究，二是便于想要更深入了解细节的读者据此追根溯源，三是表明多数其他模型是改变了该模型的某些前提条件演变而来的。理解了 NBD 的核心思想，理解其他更复杂的模型就会比较容易。

回顾图 1－1，不论它是什么形状，总是能够用某种公式近似地表示出来。如果图 1－1 代表顾客赵轻松的情况，那么依此类推，如果李中华是编号为 n 的顾客，那么应该还有个编号为 1－n 的图代表顾客李中华的情况。

我们希望能用一个公式代表所有顾客，希望不同顾客的区别只是参数不同而已，而不能每个顾客的公式都不一样。更具体地说，如果表示赵轻松购物间隔天数的概率分布公式是“$y=a+bx$”，而表示李中华购物间隔天数的概率分布公式是“$y=a+bx^3+\sin(x)$”，那么分析起来就会很困难。以笔者有限的见识来看，目前的数学研究似乎还没有找到一个相对简单的公式来表示所有的形状。当然，好消息是按照机器学习（machine learning）的思想，总是能够建立一个足够复杂的公式，通过用计算机一次次（也许是百万次）地尝试，总能找到那么一套参数（也许是几十或几百个参数），能够比较准确地表示（即拟合）多个顾客共用的购物间隔天数的概率分布。你别把这个事情想得复杂了，本质上就是需要用数学公式表示一条形状怪异的曲线。所需要的参数数量取决于曲线的怪异程度。但

---

① MORRISON D G，SCHMITTLEIN D C. Generalizing the NBD model for customer purchases：what are the implications and is it worth the effort？. Journal of Business & Economic Statistics，1988，6（2）：145－159.

反正是计算机程序尝试每种可能的取值（不是解公式的思路，而是依靠计算能力尝试每个值），总能够找到一个足够复杂的公式来表示这条曲线。然后，我们再用另外的公式（可能也是概率分布公式），表示上述统一公式中不同参数的分布情况，就能用于实际预测了。道理很简单，只是如果曲线复杂了，参数就会多，如果参数本身的取值也复杂，表示参数分布的公式也会复杂。两个复杂的公式叠加在一起，复杂度的增加可能就不是相加关系，而是相乘或者指数关系了。

你可以把 NBD 模型理解成图 3－5 代表的思路。NBD 模型的数学表达具体是什么样子在这里也不重要，就用“$y=a+bx$”来简单代表它。NBD 模型首先要找到一个形式上统一的公式（假设它叫作公式 A）来表示顾客个体购物间隔天数（或者一定时期内的购物次数）的概率分布，然后找到另外一个公式（假设它叫作公式 B）来表示公式 A 中代表每个顾客的参数的分布。

什么样的公式能够表示顾客个体购物间隔天数（或者购物次数）的概率分布呢？回顾图 1－1，我们需要找一个公式（其实是某种概率分布的数学公式），以便能够表示类似的形状。这可能是指数分布、正态分布、Gamma 分布或 Beta 分布等。第二节已经讲过了。

不同行业的业务特点不同，业务数据所形成的图形形状也会不同。抛开业务本身，可以单纯根据数据来找什么样的概率分布能够更好地作为代表，也就是前面说过的直接用程序代码拟合数据即可。

回顾刚才提到的 NBD 分析思路，“首先找一个公式 A 来表示顾客个体购物间隔天数（或一定时期内的购物次数）的概率分布，然后再找一个公式 B 来表示公式 A 中代表每个顾客的参数的分布”。大数据时代，因为有了具体到顾客个体层面行为的各种数据（即某个特定 ID 的消费者在某个时间点具体做了什么），完全可以通过各种简单计算，实现针对顾客个体的上述分析。

具有不同前缀的 NBD 公式形式各异，但实质是一样的。某种形式的 NBD 公式可能是下面这样的（本节的目标不是讲数学和公式，而是解释其内涵。你可以看看公式的形式，有个感性认识。不用管它看起来有多复杂，反正我们已经知道其中那些参数都能算出来。无论多复杂的公式，写程序代码计算就是了)：

$$P_r(y_{it}=k\mid\lambda_{it})=\frac{\Gamma(\alpha+k)}{\Gamma(\alpha)\Gamma(k+1)}\left(\frac{\alpha}{\alpha+\lambda_{it}}\right)^{\alpha}\left(\frac{\lambda_{it}}{\alpha+\lambda_{it}}\right)^{k}$$

NBD模型认为泊松分布很合适作为公式A，所以下一节需要说清楚泊松分布的特点及适合的原因。非连续数据（如计数数据和本书情境中的购物次数、购物数量等）的取值往往是有限范围的非负整数，用传统的回归（例如线性最小二乘估计、对数线性回归)，会有严重的异方差。如果存在很多为零的数据，尤其是为零的数据还无法取对数，此时往往用跟泊松分布有关的回归方法更妥当。因为泊松分布也适用于预测群体的购物次数，所以，我们先把跟顾客群体的购物次数预测有关的情境说清楚了，再来说泊松分布的计算细节。

第五节　预测群体的购物次数

前两节关注的是如何预测特定个体的未来行为。预测的基础是具有顾客个体的数据。这意味着IT系统中记录的每项交易都可以归属到具体顾客名下，即便并不知道这个顾客的任何背景信息，但至少知道他和IT系统中记录的过去发生的某次交易对应的顾客是同一个人。有了这些信息，就能用这个顾客的过去行为数据（例如，购物记录)，预测该顾客的未来行为；或者，可以用与他相似的顾客群的过去行为数据，预测该顾客（例如新顾客）的未来行为。注意，后者虽然用的是顾客群的数据，但每笔交易都能对应到特定的顾客。也就是说，所拥有的数据的核心特点，是每一行为都有清楚对应的具体顾客。这是本章前几节分析方法所依赖的数据的核心特点。但现实并不总是这么美好，还会有新的挑战。

一、挑战：没有个体层面的顾客数据+需要预测群体行为

现在针对一个新的情境：企业看到了一群顾客产生的行为，但无法区分每个行为对应哪个具体顾客。例如，店里今天来了100人次的顾客，但这100人次到底是100个不同的顾客，还是50个顾客都来了两次，或其他情形，无从知晓。或者，店里卖掉了50瓶醋，但无从知道是50个顾客买走的，还是10个顾客每人买了5瓶醋或者是其他组合。这个时候，我

们能够观察到群体的行为及其结果（有数据），但是无法从中剥离出个体行为及其结果，也就是“数据的颗粒度不够小”。

在另外的情况下，预测任务也会发生变化。从预测个体行为转到从群体的层面上预测数量。例如，需要预测某段时间内来店里的顾客数量，好据此安排员工人数；或者，需要预测某款产品在某段时间内的销售量，好据此来安排每次的进货量以及间隔多久进货。这时候，我们关注的不是独立个体顾客的行为及其结果，而是一群顾客的行为及其结果。

二、新情境的数据：时间和销量

总会有这么一些情境，企业无法获得充分和详细的数据。例如，没有顾客 ID 信息。这可能是因为店铺只记录来了多少人，买了什么东西，但没有记录买东西的是谁。或者，顾客只是来逛逛，没有任何购物记录，自然没有留下任何身份信息。店铺能记下来的只有什么时间来了多少顾客之类的信息。这在实体店是最常见的情况。

需要再次说明（以防读者是跳到这里开始阅读的），这里提到的顾客 ID，并不是身份证号或者手机号之类的敏感信息，更多的是指给顾客的一个编号，目的是下次顾客再干什么的时候，我们能够识别出是上次的某个顾客。你甚至可以把这个 ID 简单理解成某个绰号，例如“那个穿格子衣服的顾客”。只不过顾客数量太多，通常起绰号根本行不通，而起编号是一种有效办法。很多企业推出会员卡，即便完全是匿名的，只要一个顾客对应一个卡号，顾客购物时提供此卡号，仍旧能极大地降低分析数据的难度，所对应的数据分析方法也会有很大的不同。

如果没有详细信息（例如 ID），这时候又该如何进行分析呢？

学者们提出 NBD 模型的时候，当时的数据环境可能就这么简陋。店铺无法获知顾客是谁（也没有任何形式的会员卡），能做的只是统计一下每段时间（一刻钟或一小时或一天等）有多少顾客来，即分时段的客流量信息。如果不是实名（或者提供某种 ID，如手机号）购票，那么当前各地的景点面对的仍旧是同样的数据环境。所以，NBD 系列模型仍有用武之地。

继续用钱广的例子。他汇总了一下 3 月份每天卖掉的醋的瓶数。我们用表 3-1 的时候知道某个顾客于什么时间（几点几分）买了什么。到这一节，数据环境变差了，没有了顾客的个体信息，只能看到群体的统计结果。钱广的汇总结果如表 3-3 所示：

表 3-3　某店铺某个月某商品每天的销售量

日期	销量	计数	小计
1	0	1	
2	0	2	
3	0	3	
4	0	4	4
5	1	1	
6	1	2	
7	1	3	
8	1	4	
9	1	5	
10	1	6	
11	1	7	
12	1	8	
13	1	9	
14	1	10	10
15	2	1	
16	2	2	
17	2	3	
18	2	4	
19	2	5	
20	2	6	
21	2	7	7
22	3	1	
23	3	2	
24	3	3	
25	3	4	
26	3	5	5
27	4	1	
28	4	2	
29	4	3	

续表

日期	销量	计数	小计
30	4	4	4
31	7	1	1
总数	62		31

表 3-3 第一列是日期，第二列是当日销量。为便于读者统计表中数据，对表中销量排了序。这样，所有同样的销量都紧挨在一起。需要注意的是，第二列数据的顺序对结果并没有任何影响。第一列和第二列构成的 Excel 表，是任何店铺都可以统计出来的。

例子中的店铺也可以换成景区，销量则换成游客数，那么表 3-3 就变成了某景区的客流量统计表。我们也可以统计每小时的销量或者游客数，或者每个月的销量或者游客数。统计什么内容和多长时间段的数据，取决于决策问题。我们简单计算后发现，在钱广的例子中，这个月 31 天一共卖掉了 62 瓶醋，平均每天卖掉 2 瓶。用符号 λ 表示日均销量，记为 $\lambda=2$。后面会用到这个。

表 3-3 的前两列是多数行业都能统计出的原始数据。现在增加新的两列。第三列是逐个计算某销量出现了多少次，对某销量每次出现编个序号。例如，销量为 0，有 4 次，小记为 4；而销量为 7 只出现了 1 次，小记为 1。从最后一行的汇总数据来看，这个月一共销售了 62 瓶醋，销量合计出现了 31 次。

表 3-3 第二列的销量数字，最低是 0（没有卖出商品），最高是 7。这个月没有出现过某天卖出 5 瓶醋或 6 瓶醋的情况。计算模型的参数其实只需要第四列的数据，即某销量出现了几次。把表 3-3 中的第二列和第四列重新整理一下，就得到了表 3-4。

表 3-4　某店铺（某个月某商品）每天不同的销售量的出现次数

销量	该销量出现的次数
0	4
1	10
2	7
3	5

续表

销量	该销量出现的次数
4	4
5	0
6	0
7	1
出现次数合计	31

从表 3-4 能够看出，有 10 天的日销量是 1，有 1 天的日销量是 7。换个角度说，日销量是 1 出现了 10 次，而日销量为 7 只出现了 1 次。日销量是 5 和 6 完全没有出现。

如果每个月都能统计出表 3-4 这样的表格，怎么知道将来某一天销量为几的概率呢？如果统计的是每周的销量，就可以用来预测未来一周销量是某个数的概率。或者，换个角度，从出现可能性（即概率）的角度来思考，看看最可能出现的日销量是多少（也即概率最大的销量是几）。

三、群体行为的概率分布基础：泊松分布

实际计算时总是绕不开各种数学工具（这一章用到的数学工具主要是概率分布）。因为要保证通俗易懂，所以本书还需要说清楚概率分布的本质和管理应用。我们先从上一节介绍过的内容说起，进而引出需要用到的新的概率分布。

在之前例子中，已知的是某个顾客过去一段时间每次购物的日期（例如表 3-1）。据此，我们可以算出每两次购物之间间隔了多少天，并由此得到不同间隔天数出现的频次分布（例如表 2-2）。

指数分布要回答的问题是："要等到该顾客下一次来购物（视作发生一个随机事件），需要经过多少天？" Gamma 分布要回答的问题是："等到这个顾客第 n 次购物（视作发生 n 次随机事件），需要经历多长时间？" 所以，Gamma 分布可以看作 n 次指数分布的独立随机变量（如购物、逛店）的加总，也就是说，在表示 Gamma 分布的公式中：$\alpha=1$ 时，是指数分布；而 $\alpha=n$ 时，是常见的 Gamma 分布。

上述情境是已知单一顾客（或按顾客群统计）购物间隔天数的出现频

次（见表2-2），关注的是未来“再发生1～n次购物，要经过多少天”。简单地说，这是一个对间隔天数的预测。

如果把上述预测任务列出来，可以写成：

- 预测情境：再发生1（或1～n）次购物
- 预测任务：要经过多少天（例如m天）

当把预测情境和预测任务对调，就变成了：

- 预测情境：再经过若干天（例如m天）
- 预测任务：会再发生多少次购物（例如n次）

任务从预测发生若干次购物要经过的时间间隔，变成了预测经过某个时间间隔要发生的购物次数。也就是说，要预测的是“某个时间段内，购物事件发生的次数”。或者换个角度来描述“购物事件发生的次数”，就变成了“某个时间段内，发生n次购物的概率”。泊松分布恰好适合用来描述这个现象。泊松分布的标准说法是：当一个事件（如购物）以固定的平均速率出现（例如平均每天或每小时出现多少次）且随机、独立（假设某人是否购物只与自身需求有关，与其他顾客无关）出现时，这个事件（如购物）在单位时间内（未来一天或者一小时）出现的次数（多少次购物）近似服从泊松分布。结合购物情境就是，某个时间段内，会有多少顾客来店里，或者某款产品会有多少销量，顾客量或者销量服从泊松分布。

泊松分布是从二项分布演化来的。设想下面这样一个实践情境，商场来了n位顾客，其中有b位顾客买了东西。我们可以简单计算每位顾客的购买概率$P_r(\text{buy})=\dfrac{b}{n}$。其中“$P_r$”是probability（即概率）的缩写。如果将来有m位顾客来逛商场，那么其中有k位顾客会购物的概率又是多少？当顾客数量很多时（数学上表示为n趋向无穷），$P_r(buy)$就趋向于泊松分布。

泊松分布有三个前提条件，即

（1）顾客购物是小概率事件；

（2）购物的顾客相互之间是独立的，其购物与否与他人无关；

（3）顾客购物的总体概率是稳定的。

前两个条件看似不易满足：感觉来逛商场的顾客一半左右都购物了；购物的人多也会影响未购物的顾客，使其产生购买行为。只有第三个条件能满足，即有可能会有相对固定比例的顾客产生购物行为。虽然前两个条件看似不易满足，但泊松分布在实际的商业预测上确实还挺管用。

下面稍微抽象地描述泊松分布的作用。当已知某随机事件（如购物行为）在某个时间段（如一天）内发生的平均次数（例如表 3－3 中每天卖出 2 瓶醋），泊松分布可用于预测在新情境（通常是将来或者新的顾客群）同样长的时间段内（如仍为一天），该购物行为发生 n 次（即 sales＝n）的概率。

泊松分布表示的是事件发生的次数，“次数”是离散变量，所以泊松分布是离散随机变量的分布。

指数分布是两件事情发生的平均间隔时间，“时间”是连续变量，所以指数分布是连续随机变量的分布。

四、通过泊松分布预测不同销量的概率

泊松分布的数学表达如下所示：

$$P_r(\text{sales}=n \mid \lambda)=\frac{\mathrm{e}^{-\lambda}\lambda^n}{n!} \tag{3-5}$$

式中，P_r表示概率，sales 表示销量，在比较正式或专业的表达式中，“sales”常常简写为“S”。前面已经说过，本书的目的是帮助企业管理者理解各种模型，表达时注重可理解而不是研究者通行的“规范”或者“正确”，所以我们把常见的泊松分布的形式$P_r(X=k \mid \lambda)=\frac{\mathrm{e}^{-\lambda}\lambda^k}{k!}$表示为式（3－5），以便于直观理解。

n 的含义是表 3－4 中的第一列中的 0～7 的某个数，λ 表示平均日销量。“$P_r(\text{sales}=n \mid \lambda)$”括号内的竖线表示 λ 为参数的条件概率，$n!$ 表示 n 的阶乘，本书已在 Gamma 分布那一小节的式（3－3）下方介绍了阶乘的计算。

式（3－5）左侧表示“概率（销量＝n）”，其含义是“销量＝n 的概率是多大”。右侧是计算公式，其中 e 是自然数，通常取 2.718 28，λ 是根据表 3－3 计算出的平均日销量。从表 3－3 第一列能够看出一共是 31 天，第二列表示一共卖出了 62 瓶醋。平均日销量的计算是用 62 除以 31，等

于 2，即$\lambda=2$。你也可以只用表 3－4 中的数据，通过 $\sum$(销量×次数）算出总的销量，即“0×4＋1×10＋2×7＋3×5＋4×4＋5×0＋6×0＋7×1＝10＋14＋15＋16＋7＝62”。把这些计算细节写出来是希望帮助读者理解其中的含义，这个过程其实就是加总表 3－3 的第二列，只不过这里不是逐一加总（用的是加法），而是先统计了每种日销量出现了几次，然后相乘再加总（用了乘法）。我们也可以直接用 Excel 表中的“＝SUM ()”函数对表 3－3 的第二列数据求和。如果只有表 3－4，而没有原始的表 3－3，则需要把加法变成乘法。

现在有了$\lambda=2$，只要套用式（3－5）右侧的计算方法，就能计算出不同销量出现的次数所对应的概率。式（3－5）左侧其实是概率质量函数（probability mass function，PMF）（类似于概率密度函数），只不过泊松分布是针对离散值，所以得到的是概率值。在表 3－4 的基础上，在其右侧添加两列，就形成了表 3－5。最后一列的概率质量函数值的理论合计值应该是 1（即 100%）。因为小数点后四舍五入只保留了 4 位，所以实际合计值是 0.950 7。这个概率乘以总的出现次数 31，就得到了采用泊松分布预测得到的不同销量出现的次数，为了便于和第二列进行对比，可以把它安排在表 3－5 的第三列。你可以把第三列的预测值和第二列的实际值（也叫观测值）进行对比，两者存在偏差，但不算很大。如果对比最后一行的合计值，可以看到预测值 29.48 比实际值 31 小了 4.9%，即（31－29.48)/31＝4.9%。从实际的企业决策看，5%以内的误差似乎尚能接受。

表 3－5　不同销量实际出现的次数和采用泊松分布预测的次数对比

销量	该销量出现的次数	泊松分布预测的次数	泊松分布的概率质量函数值
0	4	4.20	0.135 3
1	10	8.39	0.270 7
2	7	8.39	0.270 7
3	5	5.59	0.180 4
4	4	2.80	0.090 2
5	0		
6	0		
7	1	0.11	0.003 4
合计	31	29.48	0.950 7

要判断表 3－4 和表 3－5 的第一列和第二列（即销量和出现次数）代表的实际情况是否符合泊松分布，可以用 Python 中的“scipy. stats. chisquare”，对表 3－5 的实际值（第二列）和泊松分布的预测值（第三列）进行卡方检验。当然，你还可以安装 Python Poisson E-Test，以便更精确地判断预测值和实际值之间的误差程度。

如果把表 3－5 的第二列和第三列画在一张图上进行对比，就得到了图 3－7。你可以看看预测值和实际值之间有多大的误差，有个直观的感受。

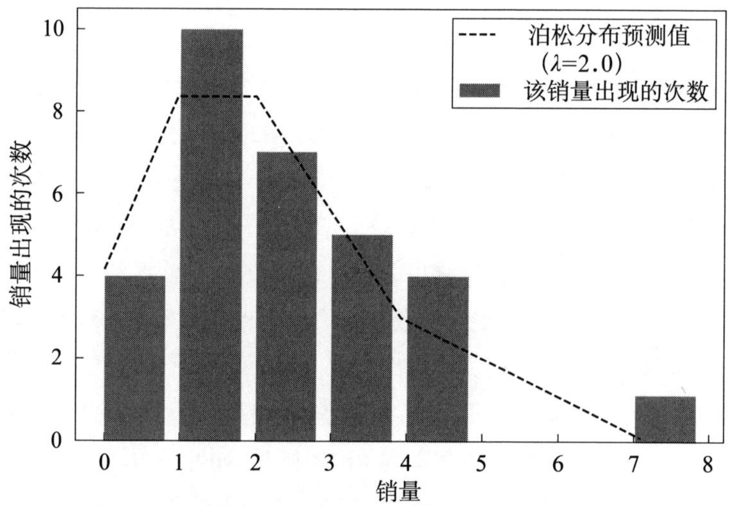

图 3－7　不同销量的实际出现次数和所预测出现次数的对比

刚才的预测过程的核心是泊松分布及其参数 λ。生活中有很多能统计出固定频率（即 λ）的事件。例如，某景点统计全月的游客量，发现日均大约 2 000 人次。但如果查看每日游客量，则会发现波动很大。同理，某超市每月汇总某品牌的醋的销量，发现平均每天卖出 10 瓶左右，但每日实际销量波动很大。只看单日数据很难看出规律。根据历史数据，我们能够算出一个相对固定的平均值（即 λ），据此则可以预测每日出现不同销量的概率大小。

这种现象的核心特点是，如果统计很短时间段内的发生次数（比如不同销量出现的次数），可能发现完全没有规律。但统计稍微长的一段时间的发生次数，会发现存在一个相对稳定的数值。

五、通过泊松过程预测一段时间的销量

表 3-3 和表 3-4 表示的都是单位时间（这里是“每天”）的相关信息（卖出了几件商品及其出现次数）。如果想预测一段时间（例如 20 日至 30 日）的销量及其出现次数，那又该怎么办呢？

此处引入一个新的公式，即

$$P_r(S(t)=n\mid\lambda)=\frac{e^{-\lambda t}(\lambda t)^n}{n!} \tag{3-6}$$

对比一下式（3-5）$P_r(\text{sales}=n\mid\lambda)=\frac{e^{-\lambda}\lambda^n}{n!}$，式（3-6）在式（3-5）的等号左右不同位置增加了 t。t 表示时间长度。当式（3-6）中的 $t=1$ 时，式（3-6）就变成了：

$$P_r(S(t)=n\mid\lambda)=\frac{e^{-\lambda t}(\lambda t)^n}{n!}=\frac{e^{-\lambda\times1}(\lambda\times1)^n}{n!}$$

$$=\frac{e^{-\lambda}\lambda^n}{n!}=P_r(\text{sales}=n\mid\lambda)$$

这就又变成式（3-5）了。

式（3-6）表达的是“泊松过程”。我们可以把泊松分布理解成单位时间（即 $t=1$ 时）的泊松过程。这样，表 3-3、表 3-4 和表 3-5 其实都是关注单位时间（即一天）的销量、该销量实际出现的次数及其预测值。如果想知道一周（即 $t=7$ 时）不同销量出现的次数及其预测值，就要用到式（3-6）表示的泊松过程了。

我们把“泊松过程”和前面介绍过的指数分布和 Gamma 分布联系起来，看看是否更容易理解。钱广的店每小时有 λ（假设 $\lambda=2$）位顾客光顾并服从泊松分布，那么从 0 位顾客光顾到第 1 位顾客光顾所经过的时间服从指数分布。同样，第 1 位到第 2 位，第 2 位到第 3 位，乃至到第 n 位顾客之间的时间间隔都服从指数分布。指数分布所包含的参数“$\lambda_{\text{exponential}}$”的值是根据这里的 λ 值算出来的，即 $\lambda_{\text{exponential}}=\frac{1}{\lambda}=\frac{1}{2}=0.5$。$\lambda_{\text{exponential}}=\frac{1}{\lambda}$ 是由指数分布和泊松分布本身的定义决定的。指数分布表示的是上一位顾

客光顾到下一位顾客光顾的时间间隔，Gamma 分布就是把这些时间间隔加起来，如果在 Gamma 分布中 $n=2$（就是式（3－3）中代表 interval 的 t，这里为了表示顾客数量，不再用 t 而是 n），就是从第 0 位顾客到第 2 位顾客的时间服从 Gamma 分布。如果 $n=1, 2, \cdots, N$，Gamma 分布描述的是当这家店有 n 位顾客到达时所需要的时间。可以把泊松分布和 Gamma 分布看作“互逆”的分布。Gamma 分布是给定概率 λ 和发生次数 k，预测间隔时间 T。泊松分布则是给定概率 λ 和间隔时间 T，预测此间隔时间内的发生次数 k。

泊松分布从某种意义上也可以看作指数分布的一种对应。只是它针对的是离散数据。例如，两次购物间隔的天数只能是整数。从这个意义上讲，泊松分布针对的数据类型与我们讨论的决策情境最接近。随着参数 λ 取值的不同，泊松分布的图形形状可能对称，也可能偏左。不同 λ 值对应的泊松分布的图形形状如图 3－8 所示。这个图中，横坐标仍代表销量，只不过这个图中表示销量的符号用的是 k 而不是式（3－5）中的 n。纵坐标表示的是该销量对应的概率质量（对应离散的销量值），你就把它简单理解为出现该销量的概率。虽然它从严格意义上来讲不是这个含义，但好在是否能够“全面把握”和理解这个含义不算太重要，我们真正在乎的是表 3－5 中的第三列，即便我们的理解不准确，通过公式计算出的结果也是没有问题的。

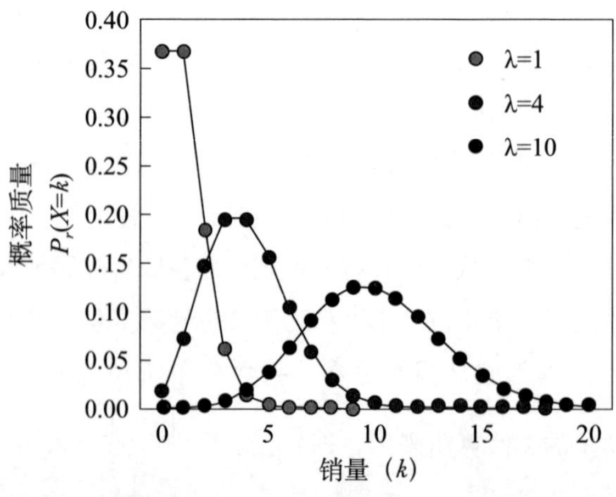

图 3－8　不同参数值（只需一个参数 λ）的泊松分布的形状

本章使用了两种数据，一种是能够从中辨识出特定个体的数据，另一种是无法区分个体的总量数据。这基本覆盖了数据颗粒度很小（个体数据）和数据颗粒度很大（群体数据）的两极情况。现实中各种环境下的数据，基本上都落在了这个两极区间内。本章提到的各种分析模型能解决多数的现实问题。

本章提到的 NBD 模型采用的是简单的泊松分布。这其实是学者们尝试过多种概率分布后，找到的一个既简单又有效的概率分布。NBD 模型的起源是“Pareto/NBD”模型，其主要考虑的是顾客会流失。在此基础上，又考虑了顾客的异质性（就是顾客和顾客之间可能不一样），学者们进而构建出“BG/NBD”和“GG/NBD”模型。“BG”其实是 Beta 和 Gamma，“GG”其实是 Gamma 和 Gamma。虽然本章没有提到这些模型的任何细节，但你也能猜出来这两个新模型采用的概率分布不同。大概“BG/NBD”模型认为公式 A 对应 Beta 分布，公式 B 对应 Gamma 分布，而“GG/NBD”模型的公式 A 和公式 B 都对应 Gamma 分布。你只要有这个层次的理解就够了。入门以后，将来想要了解更多细节，还可以去看论文原文①。采用“Pareto/NBD”、“BG/NBD”和“GG/NBD”模型计算顾客的重复性行为和第四章的顾客价值的具体程序（用 Python 语言编写的），可以参见附录 2。

① 欲了解以上几个模型，可以参见：FADER P S，HARDIE B G S，LEE K L. “Counting your customers” the easy way：an alternative to the Pareto/NBD model. Marketing Science，2005，24（2）：275－284. https：//doi. org/10. 1287/mksc. 1040. 0098.

第四章　顾客价值的衡量

第三章预测了顾客的未来行为，本章探讨如何衡量顾客的价值①。你可能会觉得奇怪：为什么要专门用一章来介绍衡量顾客价值？直接看顾客的购买金额不就行了吗？

企业跟顾客交往，有个相识、相交的过程。获取新顾客、维系老顾客既会有收益也会有成本。有的收益和成本能直接反映在会计报表上，有的则需要很长时间才能显现出来，另外一些甚至体现在其他顾客身上。企业在发展的不同阶段，追求的目标常常不同，有时是顾客数量的增长，有时是销售额的增长，有时是利润的增长。由此导致顾客价值的体现维度有所不同。本章要量化表达这些与顾客关系管理有关的收益和成本。企业只有弄清楚了这些，才能对各种营销决策的投入产出有评判的标准。

本章主要关注单一顾客的长期价值，下一章则主要考虑顾客之间的相互影响。

第一节　衡量顾客价值的核心思想

衡量顾客价值从原理上讲很简单，本质就是用“产出”减去“投入”。如果结果是正值，这个顾客或者顾客群就有价值；反之，则没有价值。

---

①　这里说点题外话，企业存在的价值是为了满足顾客的需求，本质上应该是企业向顾客提供价值或者贡献价值，在道理上不存在顾客对企业有所贡献的逻辑。本书因为是从企业的角度探讨顾客价值，所以从企业视角考察顾客对企业的贡献。“顾客价值”的说法只是为了表述上的方便，并不影响客观现实中蕴含的企业为顾客创造价值的本质逻辑。

实践中衡量顾客价值比上述原理就要复杂很多。什么算是产出？是否考虑非金钱的产出？如何核算投入？尤其是那些缺少明确指向的投入如何分摊到具体顾客头上？顾客价值是只计算当期的，还是需要考虑长期的？这些都会影响我们对某个（某群）顾客的价值判断，进而影响后续的营销决策。

除此之外，本章所说的价值是直接用会计报表上的数字衡量的。本书后几章还会从其他角度讨论价值。

一、单一顾客、首期的价值衡量

我们先从单一顾客、首期（即第一次购物）的价值衡量入手，来理解衡量顾客价值的核心思路。

一个顾客购买单一产品时，企业衡量该顾客的价值操作起来很简单，即

单一顾客首期的价值＝销售收入－产品成本
－使该潜在顾客成为顾客的成本

当顾客购买多种产品时，需要统计他该期总的购物情况，计算方式同上，只是内容变成了该期总体的情况，即

单一顾客首期的价值＝该期购物总金额－该期产品总成本
－使该潜在顾客成为顾客的成本

上述公式虽然道理上很清楚，但在实际计算时，由于每种产品的成本未必公开（数据不易获取），所以经常采用销售额和毛利率相乘的方式直接计算毛利，这样上述表达式就变成了：

单一顾客首期的价值＝该期购物总金额×企业设定的毛利率
－使该潜在顾客成为顾客的成本

二、单一顾客、以往多期的价值衡量

从道理上看，单一顾客多期的价值衡量就是把顾客每一期的价值加总。这其中的成本项有差异。首期发生的是获取新顾客的成本，而后续多期则变成了维系老顾客的成本。然后，我们仍可把每期当作单期计算，然后得出多期的合计结果。本书采用跟 Excel 表同样的表达形式，用符号

“$\sum$”代表求和（即加总）。单一顾客、以往多期的价值衡量可以表述成：

$$\begin{aligned}\text{单一顾客以往多期的价值} = & \sum \text{每期购物总金额} \times \text{企业设定的毛利率} \\ & - \text{使该潜在顾客成为顾客的成本} \\ & - \sum \text{维系老顾客的成本}\end{aligned}$$

这样看起来，计算顾客的多期价值并没有比计算顾客的单期价值复杂多少。如果只需要计算单一顾客过去多期的价值，确实是这样。不过，顾客关系管理关注的不是顾客的过去，而是从过去至未来，顾客在整个生命周期能给企业提供的价值。对未来价值进行折现和预测双方关系的维持时间长度就成了预测时需要考虑的重要方面。

三、单一顾客、未来多期的价值衡量

如果想预测顾客未来多期的价值，则需要解决两方面的问题：一是顾客未来每期的价值是多少？这里的假设前提是顾客在此期间并不流失。二是如何把未来的价值折算成现在的价值。当我们在当前时点预估顾客的长期价值时，需要把未来每期的价值折算成当前价值。

1. 预测未来的价值

预测顾客未来（例如 12 个月）的价值有两种方法：一种方法是预测每个月的价值（即购物金额和成本）。可以像第三章那样，假设这些数字按照某种概率分布波动。另一种方法是假设每个月的价值都一样，但是每个月的购买概率不一样。通过把一样的价值乘以随时间变化的购买概率来获得每个月的价值。如果每个月企业的成本变化不大，也可以直接把价值聚焦在购物金额上。

2. 未来价值的折现

折现是指同样的金额，未来所得不如现在所得有价值，需要对未来所得打个折扣（即折现的“折”），换算成当前金额。而且，距离现在越远，或者说越是远期的所得，要打的折扣越大。

例如，你一年后能挣到 100 元钱，但你现在需要用钱，你打算从银行贷款，然后一年后把你到时候挣到的 100 元钱还给银行。银行按照 10%

的利率收你利息。那么银行现在会给你多少钱呢?

直觉上银行似乎会给你 90 元钱，即 100－100×10％＝90。如果是花 2 年后挣到的 100 元钱，似乎是 100－100×10％－100×10％＝80。我们至少感觉到，越是未来挣到的钱，折算到现在越不值钱。实际计算时，因为要考虑复利的问题，计算起来并不是这么简单，但大致反映的是类似的思想。1 年折现实际的计算公式是 100/(1＋10％)＝90.9，2 年折现实际的计算公式是 100/[(1＋10％)(1＋10％)]＝82.6。你大概已经看出来了，t 年折现的计算公式是 $100/(1+10\%)^t$。这里用 t 是想表示这是一个跟时间有关的数字。当然你也可以用 n 来表示。

以上只是为了说明道理举的例子，银行虽然是采用类似的算法，但通常是先借给你 100 元，贷款到期才要你归还本金 100 元加上利息 10 元。上述例子中所说的是砍头息，是不符合规定的，但至少有助于理解折现的道理。

四、单一顾客、全周期的价值衡量

企业进行决策时，通常是计算顾客生命周期价值。此处的生命周期表示的是顾客和企业交往的整个过程，也就是从顾客第一次购买企业产品到最后一次购买之间的整个过程。这是一个为了评估顾客价值所定义的概念。这个概念最初是从保险领域借鉴来的，但在 CRM 领域，这个概念已经完全与顾客作为“人”的寿命或“生命”周期无关。顾客生命周期价值对应的英文是 customer lifetime value，为了保证表述简洁，多用 CLV 表示，也可以称为顾客终身价值①。

如果把已经发生的事情（即顾客过去多期的购物）当作沉没成本，也可以用顾客生命周期价值减去顾客已经提供的价值来衡量顾客的未来价值。

---

① 顾客终身价值（CLV）是个相对成熟的研究领域，学者们就这个研究领域发表了大量的论文。本书不是文献回顾，因此不打算逐一列出每篇论文的出处。想了解更多细节的读者可以参看综述或者回顾性的论文或书籍章节。例如：Advanced Business Analytics//BHADURI S N，FOGARTY D. Customer lifecycle value：past，present，and future. Singapore：Springer，2016. https：//doi. org/10. 1007/978 - 981 - 10 - 0727 - 9 _ 11.

如果用 d（对应 discount）代表折现率（简单理解成利率），用 r 代表购物概率，用 r_t 代表第 t 期（例如第 t 个月）的购物概率，则考虑购物概率和折现率后的顾客生命周期价值就是：

$$\begin{aligned}\text{CLV} = &\left[\frac{\text{margin}_0 \times r_0}{(1+d)^0} + \frac{\text{margin}_1 \times r_1}{(1+d)^1} + \frac{\text{margin}_2 \times r_2}{(1+d)^2} + \cdots \right.\\ &\left. + \frac{\text{margin}_t \times r_t}{(1+d)^t}\right] - \text{acquisition cost} - (\text{retention cost}_1\\ &+ \text{retention cost}_2 + \cdots + \text{retention cost}_t)\end{aligned}$$

上述公式中，margin_t、r_t 和 retention cost_t 通过变换下标 t，对应 $0\sim T$ 或 $1\sim T$ 期中的每期利润、购物概率和维系老顾客的成本。通常用 t 代表跟时间有关的概念，这里对应的是第几期，T 代表要预测的总期数，例如之前举例用到的 12 个月或者更长时间。acquisition cost 和 retention cost 通常缩写为 AC 和 RC。

为使上述公式更简洁一些，可以写成：

$$\text{CLV} = \left[\sum_{t=0}^{T} \frac{\text{margin}_t \times r_t}{(1+d)^t}\right] - \text{AC} - \left(\sum_{t=1}^{T} \text{RC}_t\right) \tag{4-1}$$

式（4－1）中的“$\sum$”表示求和，$\sum\limits_{t=0}^{T}$ 代表求第 0 期到第 T 期的和，即 $t=0\sim T$。因为首期（第一次交易）没有维系老顾客的成本 RC，所以，$\sum\limits_{t=1}^{T} \text{RC}_t$ 是从 $t=1$ 这一期开始。我们把式（4－1）和它上面的那个展开公式放在一起对比，也能明白个七八分。

为了突出重点，本书只对常见公式或者后面需要引述的公式编了号。论述过程中的有些表达式只是为了表示概念，所以未编号。

五、多个顾客、多期的价值衡量

有了式（4－1）作为基础，如果想计算多个顾客、多期的价值，只要把每个顾客的多期价值简单相加，就能得到总数为 M 的多个顾客 T 期的价值总和。其表达式如下所示：

$$\text{Multi-CLV} = \sum_{j=1}^{M}\left[\sum_{t=0}^{T} \frac{\text{margin}_t \times r_t}{(1+d)^t} - \text{AC} - \left(\sum_{t=1}^{T} \text{RC}_t\right)\right] \tag{4-2}$$

式（4－2）看起来有点复杂，其实就是在原来的基础上外层又加了个

求和的符号 $\sum$，表示从顾客 $j=1$ 加到 $j=M$。本书还额外加了个通常不用的括号，以便于读者理解。

你现在应该已经完全理解了式（4-1）和式（4-2）的来源和含义，对公式中的数学符号也有了比较清楚的理解。就单一顾客而言，获取新顾客的成本和维系老顾客的成本在单期内是互斥的关系，也就是说一个顾客不可能既是新顾客又是老顾客。实际计算的时候，测算顾客生命周期价值主要是为了比较不同顾客之间的差别，而不是比较绝对值的高低。在不追求绝对精确的情况下，很多时候会忽略首期并没有维系老顾客的成本这一问题，而把维系成本和利润都按照同期发生进行计算。这样，可以使得公式看起来简单一些。在实际计算的时候，由于是计算机程序完成详细的计算过程，可以按照绝对精确来编写程序代码。为了保证表达的简洁明了，与式（4-1）对应的单一顾客的多期价值就可以表示成式（4-3），而式（4-2）则可以表示成式（4-4）：

$$\mathrm{CLV}_j=\left\{\sum_{t=0}^{T}\left[\frac{\mathrm{margin}_{tj}\times r_{tj}}{(1+d)^t}-\mathrm{RC}_{tj}\right]\right\}-\mathrm{AC}_j \tag{4-3}$$

$$\mathrm{CLV}=\sum_{j=1}^{M}\left\{\left[\sum_{t=0}^{T}\left(\frac{\mathrm{margin}_{tj}\times r_{tj}}{(1+d)^t}-\mathrm{RC}_{tj}\right)\right]-\mathrm{AC}_j\right\} \tag{4-4}$$

式（4-3）中的下标 j 表示这是第 j 位顾客的数据。实际上，该公式表示的只是序号为 j 的单一顾客的生命周期价值。为了和式（4-4）有所区分，在式（4-3）中使用CLV_j表示单一顾客，而在式（4-4）中使用CLV 表示不针对特定顾客，免得对模型表示不熟悉的读者迷惑。margin_{tj} 就表示编号为 j 的顾客在第 t 期给企业带来的利润，而r_{tj}则表示编号为 j 的顾客在第 t 期的购物概率。获取新顾客的成本 AC 因为只有首期才有，不涉及具体期数，所以下标只有 j 而没有 t。维系老顾客的成本 RC 在每期都可能发生，所以下标既有 j 也有 t，j 表示这是哪个老顾客的成本，t 表示这是哪一阶段或者说哪一期的成本。

六、衡量顾客价值要考虑的因素

式（4-3）和式（4-4）反映了计算企业所有顾客价值的核心思想，涉及以下五个方面：单一顾客、单期价值、多个顾客、多期价值以及未来价值的折现。所涉及的参数主要是利润 margin、购物概率 r、折现率 d、成本 RC 和 AC；而所涉及的总数则主要是期数 T 和顾客数 M。

更为复杂的衡量顾客价值的方法，也都是在如何衡量上述五个方面上发生了变化。除了考虑单一因素以外，也要考虑各因素之间的相互影响。具体而言，包括：

（1）如何估算单一顾客的价值？

1）如何测算该顾客购买的不同产品的利润率？

2）如何计算该顾客是新顾客时的获客成本以及该顾客成为老顾客后的维系成本？

3）如何计算该顾客影响其他顾客所产生的非直接购物的额外价值？

（2）如何估算多期价值？

1）如何预测顾客未来会购买多少期？实质是预测顾客的生存时间或流失时间。

2）顾客未来带给企业的价值如何折算成现在的价值？实质是采用什么样的贴现方式：是按照统一的贴现率还是不同年度采用不同的贴现率？

（3）如何计算多个顾客的价值？

1）除了直接购物以外，多个顾客组成的网络是否还有其他额外的价值？

2）如何预测未来每期的顾客总量？

第二节　预测顾客价值的简化方法

顾客价值可以从个体和群体两个层面衡量，涉及收入、支出和利润等的总量和增长速度。服务于不同的决策目标和发展阶段，企业可以围绕顾客价值从多方面衡量顾客的贡献。

一、反映顾客贡献的多种指标

1. 基于利润的顾客贡献

采用利润指标衡量顾客贡献的道理很简单，核心就是用价格减去成本。只是因为行业不同，成本会有多种形式。对于零售业来说，成本主要是产品的进货成本或者采购价格。对于服务业来说，则是提供服务的成本。

2. 基于销售额的顾客贡献

我们在式（4－3）和式（4－4）中使用margin_{tj}表示编号为j的顾客在第t期给企业带来的利润。上述公式中衡量顾客贡献采用的是利润指标。有时为了给企业估值，即便在短期不盈利的情况下，仍需要衡量顾客的贡献，这时再采用利润指标（是负值）就无法实现目标，实践中会采用各种替代指标。例如，电商行业经常使用成交总额（gross merchandise volume，GMV）来反映企业总体的营收情况。当然也可以按照同样的道理，衡量单一顾客的 GMV。GMV 类似于销售额，只是为了在实践中尽快获取某时点或某阶段的销售额信息，来不及把最终可能未实际成交的数据排除掉。所以，GMV 实际上是销售额和其他应排除金额的总和。多数电商平台的 GMV 包含如下多方面金额，其组成公式是：

GMV＝销售额＋取消订单金额＋拒收订单金额＋退货订单金额

也有从转化率的角度衡量总体 GMV 的，即“GMV＝访客数量×转化率×客单价”。读者想必已经明白了，当需要从个体层面计算 GMV 时，对应的 GMV 计算就变成了某种概率的表述，即“GMV＝访问次数×转化率×每次访问的购物金额概率分布”。

二、采用跨期固定值，预测顾客的长期价值

不论采用哪种指标，计算顾客以往各期的价值都比较简单，只需要求出总和即可。比较麻烦的是计算顾客未来各期的价值。这通常有三种思路：一种是认为不变的思路，即找到一个常数，假设以后各期的价值都是这个常数；另一种是找到一个总和值，但这涉及总期数的问题；还有一种思路是根据以往的数据求平均值或者期望值，或者更精确一点，考虑各种价值额出现的概率，涉及概率的方法第三章已经有所讨论，这里不再赘述。

到目前为止，我们先不考虑顾客流失问题，而是将其放在本章第四节和第六章讨论。

通常情况下，顾客每一期的行为都有可能变化，因此，计算顾客价值的模型中，每一期的参数都有可能不同。在实际计算时，考虑每期的变化

会导致模型过于复杂，有时还会影响计算效率，在需要快速响应的场景下（例如电商平台需要根据顾客生命周期价值提供千人千面的页面或者推荐产品），往往需要从另外的角度来兼顾精确度和计算效率。

我们在之前章节中已经了解了一些处理差异的方法。例如，虽然个体不同，但有可能都围绕平均值上下浮动。我们可以把每期的差异当作平均值加减一个更低量级的变化量（例如平均值是几百，而差异只是几十或者是几）。或者，认为个体的数值服从于某种概率分布，出现不同值的概率有所不同。某些概率分布下，我们用特定的期望值就能大致表示全体的情况。

基于上述思想，如果假设各期差异不是特别大（即平均值量级大于上下浮动的量级），则可以把平均值当作每期的数值，然后考虑上下浮动的情况，既能简单、快速计算出结果，又能对变化范围有所估计。

如果按照各期的毛利 margin、折现率 d、购物概率 r 和维系成本 RC 都是常数的方式计算，把 T 设为长期。经过计算和变换，则式（4－3）就可以简化成：

$$\begin{aligned}\mathrm{CLV}_j &= \left\{\sum_{t=0}^{\infty}\left[\frac{\mathrm{margin}_{tj}\times r_{tj}}{(1+d)^t}-\mathrm{RC}_{tj}\right]\right\}-\mathrm{AC}_j \\ &= (\mathrm{margin}-\mathrm{RC}_j)\,\frac{r}{1+d-r}-\mathrm{AC}_j\end{aligned}$$

从这个公式可以看出，影响顾客价值的主要有三部分：一是各种收益和成本，也就是与金额有关的内容；二是购物概率 r，这与企业的产品或服务的质量以及营销工作的好坏有关；三是折现率 d，这取决于企业的外部环境。当然，如果企业对短期收益非常在意，例如处于要上市或者公布业绩的阶段，也可能人为调整折现率，以体现管理决策上对近期和远期收益在意程度的不同。

如果“$\mathrm{margin}-\mathrm{RC}_j$”有固定的增长率，通常是随着顾客和企业关系的延长，顾客更认同企业、更熟悉企业的其他产品，或者就是简单的顾客收入增长伴随着消费增加，这会导致单一顾客生命周期价值的计算发生变化，略去数学公式的推导过程，考虑“$\mathrm{margin}-\mathrm{RC}_j$”增长率 g（即 gross rate）的顾客生命周期价值计算公式为：

$$\mathrm{CLV}_j=(\mathrm{margin}-\mathrm{RC}_j)\frac{r}{1+d-r(1+g)}-\mathrm{AC}_j$$

这里除增加了 g 以外，所涉及的收益、成本、折现率、购物概率与之前并无本质区别。公式的总体形式并没有变化太多。

三、采用固定的跨期保留率数值，预测顾客群的保留情况

在实践中，企业有时更关注一群顾客的情况。例如，某个营销活动帮助企业获取了一批新顾客，或者某个渠道类型上的顾客，或者是按照特征分类的顾客群。如果按照时间段分类，还可以分为不同的顾客批次。不论哪种情况，总是会有多个顾客。决策时，企业会关注这一群顾客的价值。

从长期来看，单一顾客有时购买、有时不购买，统计他的总体购买情况可以得到一个购物概率 r。同样的道理，如果考察一个顾客群的购买情况，有的人一直购买，有的人不再购买。采用与计算购物概率类似的方法，就能计算出顾客的留存率 r。购物概率和留存率是两个层面上的同一个概念，所以都用 r 表示。

如果我们只看顾客的留存情况，可以通过计算期望（expectation，即 E）的方式得到（具体计算过程本书略去了）：

$$E(T)=\frac{1}{1-r}$$

如果顾客的留存率是 80%，在实践中就是下一期有 20%的顾客在 IT 系统的交易记录没有更新，那么 $E(T)=\frac{1}{1-r}=\frac{1}{20\%}=5$，即 T 的期望值是 5。如果从单一顾客的角度看，一个顾客大约有 5 期会购买某企业的产品，然后就流失了。

计算 T 的期望值 $E(T)$ 的时候，假设顾客按照 $\lambda=1-r$ 的指数分布流失，回顾图 3-1，其概率密度的计算公式是：

$$\mathrm{PDF}_{\mathrm{exponential}}(\mathrm{Interval}=t\mid\lambda)=\lambda e^{-\lambda t}$$

简单来说即为 $\mathrm{PDF}_{\mathrm{exponential}}(\mathrm{Interval}=t\mid\lambda=1-r)=\lambda e^{-\lambda t}=(1-r)e^{-(1-r)t}$，当离散状态下的 T 趋向长期时，$E(T)=\sum_{0}^{\infty}t\times P(t)=\sum_{0}^{\infty}t\times(1-r)e^{(r-1)t}=\frac{1}{1-r}$。

第三节　预测未来的新增顾客数量

在第二节，我们假设模型中的主要参数在各期保持不变，由此得到了计算顾客生命周期价值的简化模型。本节增加考虑新顾客的获取、潜在顾客的规模和顾客的流失，由此得到更精确的预测值。

我们先引入一种新的方法，解决因变量取值是 0 或 1 时的建模问题。

一、结果是 0 或 1 的变量的建模

企业采取各种营销动作最终都是要影响顾客行为。不论顾客具体的行为是什么，总可以分成两类：一类是连续的或者渐变的，例如对品牌的好感增加、价格敏感度下降等；另一类是间断的或者突变的，这其中最重要的一种是在 0 和 1 之间切换。例如，顾客买（即 1）或者不买（即 0），顾客存续（即 1）或者流失（即 0）。这有点类似于状态变量，属于非此即彼的类型，不可能同时既是此又是彼。从建立模型的角度看，属于连续类型的两个变量之间的关系容易建立，无外乎是线性的（例如 $y=a+bx$）或者非线性的（例如 $y=a+bx^2+\cdots$，或者更复杂的关系）。我们在第三章提到过离散变量，知道可以通过泊松分布等方式建立数量和概率之间的关系。现在比较麻烦的是因变量取值（即结果）是 0 和 1 两种状态的建模。其他类似的名义变量，例如买 A 或者买 B 之类的，也属于这种情况。我们之前用过的方法似乎都解决不了这个问题。

学者们找到了这样一个函数：$y=\frac{1}{1+e^{-x}}$。读者如果想要网上搜索细节，可以搜索 sigmoid 函数或 logistic 函数。函数的图形如图 4-1 所示。

从图 4-1 可以看出，当横坐标 $x=[-\infty,0,\infty]$ 时，$y=[0,0.5,1]$。也就是说，不论 x 如何变化，y 都落在 0 到 1 这个区间内。当 x 对应其他一系列变量时，例如 $x=f(X_1,X_2,X_3,\cdots)$，我们就有了一个办法把这一系列变量所造成的影响转换到一个 0 到 1 的区间。而 0～1（即 0～100%）正好是概率对应的区间。我们也可以设定某个阈值（假设是 0.5），则当 $y>0.5$ 时，另外一个变量 $z=1$，而当 $y<0.5$ 时，$z=0$。如果 z 代表是否购买，我们就找到了把顾客行为 x 和所产生的结果对应起来

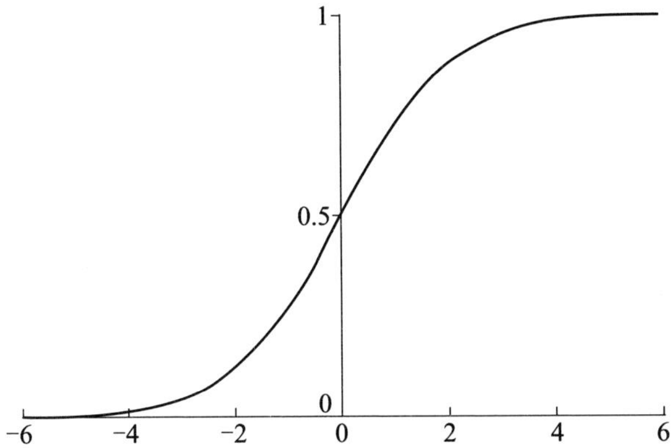

图 4－1　sigmoid 函数或 logistic 函数的形状

的方法。

通过类似的函数，我们就能通过数学运算，建立起连续变量（例如取值范围是－100～500 的某个变量）和分类变量（例如是或否、0 或 1）之间的某种对应关系。

二、预测单一顾客的获取

当难以提升现有顾客的购物金额时，获取新顾客就成为企业业绩增长的重要来源。顾客总量的增减会影响企业顾客价值的总和。除此之外，股票市场对企业价值的估算结果也受到企业顾客总量以及新顾客数量增加速度的极大影响。为此，历史上出现过不少企业不顾成本吸引新顾客（例如采用巨额补贴之类的“烧钱”方法）乃至造假的现象。

实践中，顾客有一些自身的静态特征，例如，年龄、性别、住址等人口统计信息；也有一些与状态有关的动态特征，例如，之前是否来过店里、是否浏览过之类。企业会针对顾客采取一些营销动作，例如发送短信、推送信息或者提供优惠券之类。有些顾客会对这些动作产生响应，有些则不会。顾客对企业营销动作的响应程度也会不同。例如，有些人看到优惠券后，顺手领取了，但并没有因此购买产品；一些人虽然也看到了优惠券，但没有领取。

顾客最终是否购买产品，取决于他对产品是否满意，他是否看到优惠券、是否领取，以及促销本身的力度等。我们从企业数据库留存的数据，通过 select 或者 merge 操作，可以得到如表 4-1 所示的数据。

表 4-1 顾客响应情况

控制变量					协变量		X_1	X_2	Y_1	Y_2	Y_3
顾客ID	姓名	性别	年龄	住址	到店次数	浏览次数	推送促销信息次数	优惠券金额	是否使用优惠券	是否购买	所购SKU
1234	zqs	男	40	北京	0	1	2	10	否	是	6789
1234	zqs	男	40	北京	1	0	1	20	是	是	5678
2345	lzh	男	35	上海	0	1	3	15	否	否	NAN
3456	wdq	女	30	上海	1	0	2	20			

之所以需要通过某种操作才能得到这样一个表格，是因为企业为了存储和日常读取数据的高效，不会直接存储这样的表格，而是独立存储不同的数据，只有在服务于某个决策目标时，才通过程序命令等方式拼接所需的表格。例如，一个表格（即数据库中所说的 table）存储的是顾客人口统计信息，包括顾客 ID、姓名、年龄、性别、住址等。另外一个表格存储的是所有顾客的到店、浏览等日志信息。如果想看特定顾客的信息，就需要通过"顾客 ID＝zqs"之类的代码选出 zqs 的行为数据。除此之外，还会有记录促销行为的表格，例如，什么时间向哪个 ID 的顾客推送了促销信息等。这样三个表格，都有一个共同的列（通常叫作键或 key）。写代码进行拼接表格的操作时，要依赖这个共同的 key（因此也叫主键），才能从不同的表中找到对应的数据。如果你学过基础的数据库知识，应该就能比较容易理解为什么采用分开存储的方式。

表 4-1 是截取的几行用于分析的数据。预测顾客获取时，实际上就是通过分析已有的类似数据，找到 Y 和 X 之间的关系，然后预测一个新顾客的 Y。也就是说，在表 4-1 中，有三行已知结果 Y 的数据，如果能够据此建立 Y 和 X 之间的对应关系，我们就能预测顾客 wdq 的 Y。如果 wdq 之前还不是企业的顾客，而我们预测出他有关 Y 的那些列的结果是购买，则意味着 wdq 变成了企业的顾客。

我们把表 4-1 中的列分成了四种类型，即控制变量、协变量、X 和 Y。

对于标为“控制变量”的列，可以据此把数据分成几部分，例如分成男性、女性两部分，或者青年、中年、老年三部分。然后对比这几部分 Y 和 X 之间关系的不同。

标为“协变量”的那些列对 Y 有影响，但不像控制变量那些列是企业可选择的（你就理解为可选择故此叫作控制变量）。预测模型中通常会包括协变量那些列。假如采用的是类似于前面提到的 $y=\frac{1}{1+e^{-x}}$ 这样的模型，我们最终能够得到位于 0～1 之间的 y 值。

现在按照表 4-1 中的数据重写公式 $y=\frac{1}{1+e^{-x}}$，把 y 写成Y_j，把 x 写成 $\sum(\alpha_j X_j+\varepsilon_j)$，就得到了：

$$Y_j=\frac{1}{1+e^{-\sum(\alpha_j X_j+\varepsilon_j)}}$$

式中，下标 j 对应表 4-1 的某一列，当然也可以用 i 表示。X_j 对应表 4-1 中的某个标为协变量的列或某个标有 X 的列。我们由此能得到一个Y_j 的值（是个取值为 0～1 的数）。如果设定某个阈值Z_j（例如$Z_j=0.5$），当$Y_j>0.5$ 时，表 4-1 中的使用优惠券（或购买）就发生。

实际计算是通过直接调用软件或者编写程序代码完成，本质上就是在程序中设定表 4-1 中的某一列作为 Y，然后设定其他若干个列作为 X。建立起了 Y 和 X 之间的关系（即算出了所有的α_j）后，就能据此判断某个潜在顾客（例如 wdq）在企业施加营销行为（例如推送若干次面额多少的优惠券）之后是否会成为新顾客。

三、预测获取的新顾客的数量

上一小节是从个体层面预测单一潜在顾客是否会成为企业的新顾客。预测的核心思想是企业的营销行为（产品、定价、促销、广告等）能否导致顾客收益（一个虚拟变量）超过某个阈值。当超过该阈值时，潜在顾客就会成为新顾客。

有的情况下，例如涉及企业估值或者需要做长期战略规划，需要预测顾客的总数，尤其是未来一定时间内新增顾客的数量，即对企业顾客总数变化进行预测。这时，既可以像上一小节那样从个体层面进行估计，也可以从群体层面对整个顾客群进行估计。

Bass 新产品扩散模型提供了进行这种预测的基础思路。其核心思想是按照人口数量估计一个潜在顾客的总数，同时考虑企业现在已经获取的顾客数量。在此基础上，计算其余那些还没有成为企业顾客的潜在顾客，在每一期（也可以称为每一阶段）按照某一比例转化为企业的顾客。上述思想用公式表示即为：

某期新顾客数量＝(固定比例＋现有顾客带来的影响)
×剩余潜在顾客数量

具体思路是假设剩余潜在顾客（即还没有成为企业顾客的潜在顾客）会按照某种比例转化为企业的顾客。该比例不是一成不变的，而是随着已经转化为企业顾客的现有顾客总数变化。以线上预约平台为例，当 Uber 或滴滴这样的打车平台刚出现的时候，使用的人不多。根据当地人口，考虑年龄、收入和生活状态等，能够估计出一个总的可能打车的人数。随着使用过线上预约平台的人数的增长，这些人能够影响到的没使用过预约平台的人越来越多。

Bass 模型中为了反映这种比例的变化，把该比例分成了两部分，一部分是固定不变的，另一部分随着企业现有顾客数量变化。我们可以把总的比例想象成一个 $y=a+bx$ 的线性关系，即 y 代表比例，a 是其中的固定比例，b 代表的是非固定比例，而 x 反映现有顾客的数量。只不过实际的公式用的符号不是我们所使用的 y 和 x，而是代表比例的 p 和 q 而已。

如果用数学表达式表示，Bass 新用户数量模型（当时叫作新产品扩散模型）如下所示：

$$n_t=\left(p+q\frac{N}{M}\right)(M-N) \tag{4-5}$$

式中，下标 t 代表第 t 期，可以是第 t 个月或第 t 年。n_t代表第 t 期新顾客的数量。M 代表最初的潜在顾客总数，N 代表已经成为顾客的人数。$(M-N)$ 代表还没有成为顾客的潜在顾客数量。$\frac{N}{M}$代表的则是已经成为顾客的人数占最初所有潜在顾客的比例，这个比例应该呈逐渐提高的趋势。p 和 q 都代表某个不变的比例。随着时间的推移，因为$\frac{N}{M}$逐渐增大，$q\frac{N}{M}$会整体逐渐增长。

式（4－5）的含义是：潜在顾客中还没有成为企业顾客的人（即$M-N$），每一期会按照某个转化率$\left(即\ p+q\frac{N}{M}\right)$转化为企业的新顾客。每期的转化率取决于企业（即 p）和现有顾客$\left(即\ q\frac{N}{M}\right)$两部分。

企业营销行为的影响力，例如品牌、广告、促销等活动，通常是大致稳定的。如果营销行为的总体投入在每期没有大的变化，则营销行为会产生稳定的影响，导致剩余潜在顾客按照一定的比例（即 p）转化为新顾客。这对应的是式（4－5）中的 $p(M-N)$ 部分。

现有顾客也会通过购买或使用企业产品、口碑传播等影响潜在顾客。这种影响导致的转化率（即 q）也是稳定的，例如，潜在顾客受到一定次数的他人影响就会去购买新产品。现有顾客总数越多，潜在顾客受到的影响越大。在式（4－5）中用$\frac{N}{M}$（即市场渗透率）来反映现有顾客的影响面大小。$q\frac{N}{M}(M-N)$ 可以理解成现有顾客口碑传播带来的新顾客。

如果把式（4－5）改写一下，就会得到$n_t=pM+(q-p)N-\frac{q}{M}N^2$。可以看出，$n_t$和 N 的关系是涉及平方的，即 $N=[1，2，3，\cdots，10，\cdots]$ 时，$N^2=[1，4，9，\cdots，100，\cdots]$。两者之间不是同比例增长的线性关系。$p$ 是固定转化率，而 M 是最初的潜在顾客总数，因此 pM 是固定值。随着企业现有顾客越多（N 越大），$(q-p)N$ 要减去的$\frac{q}{M}N^2$越大，即随着期数 t 增大（越往后期），每一期转化为新顾客的潜在顾客数量会越少。

在式（4－3）中，我们已经能够计算单一顾客的生命周期价值，即

$$\mathrm{CLV}_j=\left\{\sum_{t=0}^{T}\left[\frac{\mathrm{margin}_{tj}\times r_{tj}}{(1+d)^t}-\mathrm{RC}_{tj}\right]\right\}-\mathrm{AC}_j$$

式中，$t=0$ 是该潜在顾客成为新顾客的那一期，据此可以计算每一顾客 j

的生命周期价值。

通过式（4－4），我们能够计算一群顾客（即 $j=1$ 到 $j=M$ 这一群顾客）的总生命周期价值：

$$\mathrm{CLV}=\sum_{j=1}^{M}\left\{\left[\sum_{t=0}^{T}\left(\frac{\mathrm{margin}_{tj}\times r_{tj}}{(1+d)^{t}}-\mathrm{RC}_{tj}\right)\right]-\mathrm{AC}_{j}\right\}$$

我们只是不知道式（4－4）中顾客总数 M 是多少。注意，式（4－4）和式（4－5）都使用了符号 M，但含义不同，不要误以为是同一含义。现在通过式（4－5），我们能够知道每期新顾客的数量 n_t。如果用 old 代表现有顾客数量，用 n_t 代表新顾客数量，式（4－4）也可以写成：

$$\begin{aligned}\mathrm{CLV}=&\sum_{j=1}^{\mathrm{old}}\left\{\left[\sum_{t=0}^{T}\left(\frac{\mathrm{margin}_{tj}\times r_{tj}}{(1+d)^{t}}-\mathrm{RC}_{tj}\right)\right]-\mathrm{AC}_{j}\right\}\\&+\sum_{j=\mathrm{old}}^{n_t}\left\{\left[\sum_{t=t}^{T}\left(\frac{\mathrm{margin}_{tj}\times r_{tj}}{(1+d)^{t}}-\mathrm{RC}_{tj}\right)\right]-\mathrm{AC}_{j}\right\}\end{aligned}$$

据此，我们就能推算企业所有顾客的总生命周期价值了。

实际应用中，企业经常以人口数量为基础来推算潜在顾客的总数。例如，根据人口普查数据，可以知道一个区域（例如城市）的总人数，再按照人口普查的其他信息，测算该区域人数中特定性别、特定年龄的人数，然后辅以其他与特定行业有关的信息，例如收入、工作状态等，可以推算企业的潜在顾客的总数，即式（4－5）中的 M。而企业当期和过去阶段的顾客数量是已知的，即式（4－5）中的 N。如果企业采用注册制（例如登录电商平台需要用户名和密码），肯定会知道自己有多少用户。企业如果是类似超市这样的，则会有很多非会员顾客，超市并不能完全确定购物人次和顾客数量之间的绝对关系，通常需要根据顾客行为用模型来推算。式（4－5）中 p 和 q 的值可以根据历史数据，即企业过去每一期的新增顾客数量，通过解方程或者机器学习的方法拟合出来。

四、其他预测新顾客数量的模型

我们使用式（4－5）时，认为企业是知道其过去每一期的现有顾客数量 N 的。根据式（4－5），企业也能计算出每一期的新增顾客数量 n_t。

学者们①想出了一个更为通用的方法，把不论过去还是将来每一期的现有顾客数量都用一个公式来表示，其形式如下所示：

$$N_t = \frac{\alpha}{1 + e^{-\beta - \gamma t}} \tag{4-6}$$

式中，N_t代表第 t 期的现有顾客总数。式（4－6）等号右侧看起来挺复杂的，但实质上就只有 α、β、γ 这三个参数。式（4－6）的图形类似于图4－1，是一条S形的水平渐近线。随着 t 的增大，这条线逐渐趋近于水平值 α。我们可以把 α 理解成企业可能获取的总的顾客数量。参数 γ 影响N_t曲线的坡度。

当有过去多个 t 期的现有顾客数量N_t时（即企业通常能知道自己过去几年每年的顾客数量），可以根据式（4－6）通过N_t拟合出 α、β、γ 这三个参数。当 α、β、γ 这三个参数都变成已知值以后，我们可以据此计算任何一期的现有顾客数量。

有了每期的现有顾客数量N_t的计算方法后，就可以据此计算每一期的新增顾客数量n_t（数学实质是求导数），即

$$n_t = \frac{dN_t}{dt} = \frac{\alpha\gamma\, e^{-\beta - \gamma t}}{(1 + e^{-\beta - \gamma t})^2} \tag{4-7}$$

式（4－7）虽然看着复杂，但实质上还是只有 α、β、γ 这三个参数。只要通过过去的数据拟合出 α、β、γ 这三个参数值，仍旧可以据此预测出不同 t 对应的n_t。

第四节　计算顾客价值时考虑顾客流失

第三节讨论了企业新增顾客的问题，其中在计算顾客生命周期价值的时候，我们假设顾客会一直购买企业的产品，即长期和企业维持交易关系。因而，式（4－3）计算的是顾客从 $t=0$ 到 $t=T$ 整个阶段的价值。时间 T 常常设定成距现在很远的未来。在计算顾客的总数时，也采用与此

---

① 本章各节所引用内容可参见：GUPTA S，LEHMANN D R. Models of customer value//WIERENGA B. Handbook of marketing decision models. International Series in Operations Research & Management Science，2008，121：211－251. https：//doi. org/10. 1007/978－0－387－78213－3 _ 8.

类似的假设，即所有的潜在顾客在足够长的时间里都会转化为企业的顾客。因此，企业的现有顾客有一个持续增加的过程，并最终趋近于潜在顾客的总数。

在现实生活里，顾客并不是永远都从某个企业那里买东西。因此，式（4－3）中的 T 无法持续那么长的时间。顾客有可能和企业交易一定时间后，就再也不买企业的东西了。顾客生命周期价值未必有我们预计的那么高。同样的道理，企业的顾客总数也有可能因为顾客流失而减少。考虑了这些因素以后，式（4－6）中的每期顾客数量 N_t 也并不总是持续增加。如果企业做得不好，N_t 还存在持续下降的可能。

因此，至少从道理上看，计算单一顾客的生命周期价值时，需要考虑顾客与企业保持交易关系的时间长度（即模型中 T 的大小，或多少期）；计算顾客群的生命周期价值时，也需要考虑顾客流失导致的企业顾客总数的变化。当然，我们可以限定一个较短的期间，在此期间内，认为顾客不会流失，那仍旧可以使用第三节的计算方法。

本节先从概念上考虑顾客流失对顾客价值的影响，至于更具体的顾客流失预测方法，放在第六章集中讨论。

一、顾客和企业交易关系的类型

顾客和企业之间的交易关系，按照是否有合约，可以分成两大类。一类是有合约的，例如订阅报纸、使用运营商的通信服务等。当顾客不再续约时，双方之间的交易关系终止。通过顾客是否续约，企业可以明确地判断顾客是否流失。另外一类是非合约制的，例如顾客去超市或者网上购物。虽然企业可以在 IT 系统中永久保存所获取的顾客信息，但并不是每个出现在 IT 系统中的顾客，未来一定还会再来。其他一些中间状态的交易类型，处于合约类和非合约类之间，也有定义为“半合约类”交易的。

非合约类交易中，企业为了反映近期的顾客总量，常常统计“日活”“月活”甚至“年活”用户数量。它反映的是每天、每个月甚至一年内，至少“来”了一次的用户数量。根据使用目的，这个“来”可以定义为登录行为，也可以定义为购买行为。在此期间来过的用户就判定为“活跃用户”，否则就是“不活跃用户”。

二、合约类交易的顾客流失

企业对合约类交易的顾客流失有明确的判断标准（即顾客不再续约）。不续约的原因常常是顾客不满意。

顾客不满意可能是其自身情况发生了变化，也可能是企业出了问题，甚至是竞争对手做得更好。不论是什么具体原因，反正顾客不满意，于是不再续约。只要想一想生活中人们更换运营商的例子，基本就能理解这个情境下各种可能的原因。

要预测这种类型的顾客流失，思路本身并不复杂。实质就是把可能产生影响的各种内外部因素（以变量表示）都考虑进来，然后建立这些因素与最终流失与否的对应关系。考虑对应关系时，就是找到 $y=f(X_1, X_2, X_3, \cdots)$ 这样一个函数。其中的 f 是 function 的缩写，含义是某种函数，代表 y 通过某种函数与 X_1，X_2，X_3，…这些变量对应。

最简单的函数就是线性函数，它的表达式类似于 $y=a+bx_1+cx_2+\cdots$。如果将 x 和 y 置于坐标轴，那么所有数据画在图上就是一条直线（所以叫“线性”）。不同线性函数的区别只是直线的上下左右的位置和倾斜程度不同，但仍是一条直线。

如果 y 与 x（其实是多个 x_i）的关系不绝对，而是按照某种概率发生对应关系，则可以按概率的思想来建立 y 和 x 之间的关系。实质仍是构造一个 y（即流失）与 x_i 的数学关系，x_i 既可以是顾客内部因素（收入、工作、生活状态等），也可以是顾客外部因素（企业产品和营销活动、竞争对手行为等）。

学者经过各种探索以后，采用了下面这样的函数来预测顾客流失的概率：

$$P_r(\text{流失})=\frac{1}{1+e^{\beta X}} \tag{4-8}$$

我们在第三节图 4-1 中提到过 $y=\frac{1}{1+e^{-x}}$ 这样的函数。我们知道采用这种数学关系，不论 x 如何变化，y 都位于 0～1 这个区间内。而 0～1 恰好对应概率的区间，即所有事情发生的概率都只能在 0～100%之间。

式（4－8）是个概念性公式，代表流失概率与影响因素有关。其中的 X（用大写表示）对应多个 x，即 x_1，x_2，x_3，…。β 也对应多个 β_i。实际上 X 对应多个因素，β 对应一组参数。后续章节会介绍实际展开的表达式如何应用。读者在这里先不用在意具体的细节，理解其中的意义和原理即可。

式（4－8）本身看着并不复杂，实际上也只有一组参数 β（对应多个 β_i）是未知的。代表顾客特征、企业营销动作等的 X（对应多个 x）都是有数据的。可以用顾客过去的 X 和流失与否，拟合出各个 β 值。有了 β 值，就能根据每个顾客的特征和他面临的营销变量（就是表 4－1 所示的那些数据）预测单个顾客的流失概率了。不同行业的顾客特征和营销变量也许有差异。表 4－1 如果对应的是运营商提供的服务，就会有代表顾客当前话费与之前每月平均话费的差值、每月缴费是否滞后、是否收到运营商促销短信等数据的列。无论行业和数据如何变化，实质仍是通过顾客（特征、行为）、企业（营销活动）和竞争者（营销活动）三方面的数据，预测顾客的流失。

三、非合约类交易的顾客流失

非合约类交易的顾客流失会复杂一些。顾客虽然彻底不再来消费了（没有后续交易了），但并不会主动通知企业。很多时候，连顾客自己都不清楚将来是否还会和企业交易。以互联网上的行为为例：顾客曾经访问过某个网站，并注册了账号；过了几个月，顾客转向了其他网站。如果太久没有访问原来那个网站，顾客可能忘记在那个网站注册过了。这时顾客在原来那个网站的账号密码都还存在。多数顾客并不会主动注销自己的账号。实践中，企业通常是设定一个阈值，如果顾客超过了这个阈值还没有和企业交易（或者互动），则判定为顾客流失。

采用“日活”“月活”标准时，企业对所有的顾客都设定了统一的阈值，例如“月活”，顾客超过 30 天没有和企业互动（访问网站、使用 App 等），则可以判断该顾客不活跃。采用这种统一的标准，能够对不同的企业的用户数量进行直接的比较，相当于有一个客观的标准。但这种比较通常只适用于同类的企业。如果是不同类型的企业，例如一个是卖家具的，而另一个是卖服装的，顾客的购物频率本身就差别很大。直接比较这种不同类型企业的“月活”顾客数量意义就不大了。

我们在第三章讨论顾客购物间隔天数的时候，并没有关注顾客流失的问题。当时假设顾客会按照之前的模式持续购买下去。服务于当时的预测目标，那样做能够满足需要。当需要考虑顾客长期购物的可能性并据此计算顾客整个生命周期的价值时，顾客流失就成了有重要影响的事情，需要在模型中考虑流失的问题。

学者们考虑到了这种情况，提出了若干考虑顾客流失影响的模型。我们在第六章中再集中讨论这些问题。

第五节　计算顾客价值中的利润贡献

本章第一节和第二节介绍了计算顾客价值的思想和基本计算公式，然后针对单一顾客探讨了生命周期长度对顾客价值的影响，针对顾客群探讨了跨期参数变化和顾客总量变动对企业整体顾客价值的影响。第三节主要是考虑新增顾客带来的企业顾客总数的变化。第四节在介绍两种交易类型的基础上，简单介绍了合约类交易顾客流失的预测思路。

在前四节的分析中，我们假定同一顾客在每一期对企业利润的贡献都是不变的。本节考虑如果单一顾客的利润贡献在各期之间发生变化时应该如何预测的问题。影响利润的主要有两部分，即销售额（或收入）和成本（或支出）。我们分别针对这两部分考虑其各期之间的变化。

一、计算各期的销售额（或收入）

当单一顾客在每一期的购物金额都不一样时，要预测其各期购物金额（或企业销售额）有两种思路：一种思路是直接计算每期金额；另一种思路是把每期金额分成固定和变动两部分，重点计算变动的部分。

1. 计算顾客每一期的购物金额

第三章介绍了各种基于概率分布的计算方法，我们仍旧可以采用类似的思路。概率估计的基本思路是如果已知某顾客过去的购物金额，则可以根据概率分布来预测其未来购物金额。如果不知道单一顾客过去的购物金额（新顾客或者数据本身无法细分到每个顾客），则可以用整个顾客群的购物金额的概率分布来预测单一顾客的购物金额。

预测顾客下次购物的金额，最简单（虽然不精确）的方法是用多次购物金额的平均值代表，即$m_x=\sum_{i=1}^{x}\frac{v_i}{x}$。其中$v_i$代表顾客某次购物的金额，购物总次数是$x$，$m_x$是平均值。

如果想要更为精确一些，可以计算购物金额的期望值，其表达式如下所示：

$$E(M \mid p,q,\gamma,m_x,x)=\frac{(\gamma+m_x x)p}{px+q-1} \tag{4-9}$$

式（4－9）认为顾客的购物金额服从Gamma分布。我们已经知道Gamma分布需要两个参数，其中一个参数是p，另一个参数用于反映顾客之间的差异并服从另外一个Gamma分布，描述这后一个Gamma分布的参数是q和γ。顾客x次购物的平均花费是m_x。由此可见，式（4－9）一共涉及三个参数p、q、γ，另外的m_x和x随着预测区间变化。

2. 计算顾客每一期购物金额的变化

式（4－9）是直接计算顾客每一期的购物金额。我们也可以换个思路，认为各期购物金额是一个基础值叠加波动值的结果。其中基础值在各期都一样，可以是各期的最低值，也可以是均值，然后只要考虑如何描绘波动值即可。即假设顾客每一期都有一个基础购物金额，各期的购物金额都是围绕此基础购物金额变化，即

某期购物金额＝基础购物金额＋购物金额变化

然后我们就可以考虑内部（顾客特征）和外部（企业营销行为）因素对“购物金额变化”部分的影响。学者们提出了一个计算模型，其表达式如下所示：

$$\Delta M_{jt}=\beta X_{jt}+e_{jt} \tag{4-10}$$

式（4－10）等号左侧的Δ代表变化，ΔM_{jt}代表顾客j在第t期基础购物金额上的变动部分。等号右侧的X_{jt}是顾客j在第t期的内部状态和外部营销变量。这里用的是β和X（大写），意味着它们其实对应的是一组参数和变量。式（4－8）中的β和X采用的是类似的表达方式。e_{jt}是残差，或者你就理解为“$y=a+bx$”中的a。只不过这个a随顾客j和时间

t 会变化。从式（4－10）的表达式我们能够看出，其隐含的假设是购物金额变化部分与影响因素之间是线性关系。当然也可以用非线性关系或者用某种概率分布来表示。实际上，ΔM_{jt} 既可以代表购物金额的变化，也可以代表毛利 margin 的变化。因为当毛利率在各期基本不变时，购物金额和毛利之间有固定的对应关系。

式（4－10）中需要拟合得到的参数实际上只有一组 β，不算复杂。将从式（4－10）中计算出的 ΔM_{jt} 代入最初的式（4－3）和式（4－4）即"$\mathrm{CLV}=\sum_{j=1}^{M}\left\{\left[\sum_{t=0}^{T}\left(\frac{\mathrm{margin}_{tj}\times r_{tj}}{(1+d)^{t}}-\mathrm{RC}_{tj}\right)\right]-\mathrm{AC}_{j}\right\}$"中，我们就能考虑每个顾客每期的利润变化，从而更精确地计算顾客生命周期价值。

二、计算各期的成本

式（4－1）是预测顾客生命周期价值的核心公式。其中影响顾客生命周期价值的成本有三部分，即产品（或者服务）的成本、吸引新顾客的成本和维系老顾客的成本。其中产品（或服务）的成本和维系老顾客的成本每期都有，而吸引新顾客的成本则只有首期才有。

如果毛利率在各产品（或者服务）之间相差不大并且在各期保持基本稳定，那么产品（或者服务）的成本可以从价格或者企业的收入反推得到。上一小节我们已经讨论了如何计算收入的问题。我们可以按照收入的固定比例考虑产品或服务的成本。

计算成本时主要应考虑吸引新顾客的成本和维系老顾客的成本。吸引新顾客的成本并不是一成不变的，常常随着企业的发展阶段变化。通常情况下，企业刚开始吸引新顾客的成本略高，因为没有人了解企业的产品；随着顾客数量的增加，企业的知名度提升，吸引新顾客的成本会有所下降；到了后期，容易吸引的顾客都已经成了企业的顾客，剩下的都是比较难吸引的顾客，吸引新顾客的成本又会有所上升。吸引新顾客的成本和时间的关系有可能呈 U 形。只是这个 U 形的底部有可能很宽。目前，还没有这方面的成熟模型，更多的是企业考虑其支出，做个简单的分摊计算而已。维系老顾客的成本随着时间的推移会是什么情况还不清楚，目前也还没有成熟的结论。

吸引、维系顾客的成本和时间的关系可以采用平方或者指数之类的非线性公式表达。除此之外，还可以考虑采用式（4－8）或式（4－9）这样的概率或者概率分布的表达式。后者的核心思路还是用过去成本的概率分布预测未来成本、用群体成本的概率分布预测个体成本。类似的概率分布已经提到过多次。虽然并没有成熟的计算成本的概率分布公式，但本质思路应该是一样的。

第五章　顾客之间的相互影响

第四章介绍了计算顾客生命周期价值的方法。计算的内容主要涉及顾客每期贡献的价值、顾客跟企业交互的总期数（生命周期的时间长度）和顾客总数。

上述计算方法假设顾客之间不存在相互影响。实践中，现有顾客即便与潜在顾客完全不认识，也会通过其行为影响后者。经常看到的顾客“扎堆”“凑热闹”都是这个意思。只不过当一个企业的顾客数量少的时候，这种相互影响导致的结果不够重要，因此在建立模型的时候常常会被忽略掉。当一个企业的顾客数量较多时，潜在顾客会有更多的机会观察企业现有顾客的行为。这种相互影响就会发挥较大的作用。除此之外，如果企业顾客中包含影响力大的顾客，例如明星、专家等，他们即便数量不多，造成的影响仍不容忽视。我们如果希望通过模型预测得更为准确，在建立模型时就需要考虑顾客之间的这种相互影响。

除此之外，有些行业（例如社交电商）本身就是依赖现有顾客对潜在顾客的影响获取新顾客或者利用现有顾客相互之间的影响提升重复购买率。在这种情境下，企业在计算顾客单期的价值和顾客总数时，更不能忽视这种相互影响。

本章讨论在建立模型时如何从底层逻辑上引入顾客之间的这种相互影响。

第一节　衡量现有顾客的影响

现有顾客的影响力可能来自多个方面。例如，使用产品（被人看到使用华为、苹果手机）、使用服务（去某个商场形成的客流、被路人看到提着印有某 logo 的购物袋）或者主动发声（私下或者公开的口碑传播）。从最隐晦的使用到最明确的口碑传播（word of mouth，WOM），都会对外界产生影响。

学者们针对现有顾客带来的影响，把影响产生的结果做了概念性区分，分为 customer influence effect（CIE）和 customer influence value（CIV）两类。CIE 通常指非金钱方面的影响，例如使用或者口碑传播，CIV 则指可以用金钱衡量的，例如购物金额。我们也可以从间接和直接的角度理解，CIE 间接影响顾客价值，CIV 则直接影响顾客价值（从企业角度看就是销售额和利润）。

一、衡量现有顾客单期影响力大小的概念模型

按照之前章节的思考逻辑，我们总是先考虑单期，再考虑多期。顾客单期的行为也会对未来多期产生影响，这就像企业今年做广告，到明年还会有些影响是一样的。本章的重点是说清楚针对影响力建立模型的思路，因此，只集中考虑单期。多期的影响力可以按照计算顾客生命周期价值的思路，对未来影响做折现处理即可。当然，如果采用更为复杂的思路，认为模型中的变量在每期都会变化，则仍旧可以依照上一章的思路做对应的处理。目前先以单期为核心考虑问题。

衡量现有顾客单期的影响力需要考虑两个方面，一是影响面的大小，二是影响的强度。前者（即影响面的大小）主要涉及影响多少人。大 V、公众人物、网红人物的影响力，主要说的是他们的影响面大。他们的一言一行因为关注的人多，会对很多人产生影响。后者（即影响的强度）主要涉及影响的效力。这又涉及行为类型（行动还是口头）和关系强弱。信息源的专业度会对影响的效力产生巨大的影响，例如，专家更可信，有更多使用经验的用户更可信。信息源的专业度主要是在广告领域研究，本书主要针对的是普通顾客之间的相互影响，因此不涉及信息源专业度的领域。

就影响强度中的行为类型而言，同样的人其行动比语言更有效力。例如直接购买、使用产品通常比仅仅说产品好的影响更强。当然，这样的行为应该是有明确指向而不是难以理解的。

就影响强度中的关系强弱而言，直接关系比间接关系的关系强度要高。因此，直接信息比间接信息效力更大。例如，直接看到或听到比转手来的信息效力更大，亲近（接触较多）的人的信息比其他人的效力更大。除此之外，两个人建立关系的时间越久，可能导致关系越强。这种关系强度不仅与时间长短有关，还受到保持这段关系的过程中双方互动的次数影响。也许关系保持时间对关系强度的影响并不是线性的，但这两个变量之间肯定有相互影响。

按照上述分析逻辑，可以提出一个现有顾客影响力的概念模型，即

单一顾客的影响力＝单一顾客所影响的人数×平均影响强度

这是一个概念模型。其中的影响强度用的是平均值。公式中用平均值能够把含义说清楚，但在大数据时代不够精准。

如果数据能够精确到具体用户和行为层面，就可以使用更为精细的概念模型，即

$$\begin{aligned}\text{单一顾客的影响力} = {} & \text{某行为的影响强度} \times \text{该顾客与被影响对象 1 之间的关系强度} \\ & + \text{某行为的影响强度} \times \text{该顾客与被影响对象 2 之间的关系强度} \\ & + \cdots \\ & + \text{某行为的影响强度} \times \text{该顾客与被影响对象 } n \text{ 之间的关系强度}\end{aligned}$$

其实质是这样的：

（1）对不同行为（行动或语言）做了细化分类，可以根据应用场景对两类行为的影响强度做细化标定。

（2）即便是同样的行为，其效力还受到影响方与被影响方双方关系强度的调节，因此把关系强度作为系数考虑了进去。

（3）因为同一顾客跟不同人的关系强度不同，所以这里采用加和的方法，而不是用第一个概念模型那样的平均值。

（4）单一顾客的影响面与其影响对象的数量有关，因此，这里一直从 1 加到 n，把单一顾客能够影响的所有顾客都包括了进去。

按照类似的思路，只要数据足够详细，模型还可以建得更为细化一些。反之，如果数据本身的颗粒度不够小，例如只有群体数据而没有个体

数据，则模型可以建得粗一些。模型的细化程度取决于最终需要处理的数据的颗粒度。

二、衡量现有顾客单期影响力大小的实际模型

现在回到实际生活中的某个场景，就以大家常用的微信（是个 App）为例吧。假设你把一条汽油价格要涨的信息发给了两个同事，他们都很信任你，又把这条信息各自转发给了一个好友。收到这个消息的人都在油价上调前给车加满了一箱油。简单计算你的影响力可以发现，你发给两个同事，产生两个影响。他们看到后 100%相信，各自又转发了一条，产生额外的两个影响。你在社交网络上的影响力一共是 4 条信息，实际效果是 4 个人去加了油。

学者们按照类似的逻辑，建立了如下模型①：

$$\mathrm{CIE}_j = \omega_j + \sum_i k_{j \to i} \mathrm{CIE}_i \tag{5-1}$$

CIE_j代表顾客 j 的影响力，它包括 j 直接影响的人数ω_j（也可以用 j 所发信息直接送达的人数或所发信息条数代表），$k_{j\to i}$代表 j 对另一个顾客 i 的影响效力，CIE_i则代表受到影响的顾客 i 的对外影响力。式（5－1）的整体思路是计算顾客 j 直接发布的信息加上他影响别人所伴随的转发数量。用刚才说的加油的例子，我们应该很容易理解式（5－1）在计算什么。

计算的过程是从最末端的顾客 i 开始算起，一直计算到 j。我们只要理解了公式的含义，能够明白它是在计算什么即可。真正计算的时候，是写程序代码计算，很可能还会引入矩阵来提高运算速度。那些都是计算机程序的事情，甚至直接调用写好的程序包即可，不用过分担心这些细节。

计算清楚了影响力，就有办法从顾客生命周期价值的角度把这种影响折合成价值了。折算价值的逻辑与式（5－1）类似，一是计算对接收方顾

① 更细节内容可以参看：KUMAR V，BHASKARAN V，MIRCHANDANI R，et al. Creating a measurable social media marketing strategy：increasing the value and ROI of intangibles and tangibles for hokey pokey. Marketing Science，2013，32（2）：194－212. http：//dx. doi. org/10. 1287/mksc. 1120. 0768.

客生命周期价值的直接影响，二是计算接收方对他人 CIV 的间接影响。具体的计算模型如下所示：

$$\mathrm{CIV}_j = \sum_i k_{j \to i}\mathrm{CLV}_i + \sum_i k_{j \to i}\mathrm{CIV}_i \tag{5-2}$$

式中，CIV_j代表顾客j 的影响金额价值，实际计算时也是从最末端的顾客i开始计算。

本节最先介绍了计算影响力的基本思路。按照此基本思路，可以有多种计算内容和计算方法。之所以构建了如式（5-1）和式（5-2）这样的模型，是因为这两个公式所依赖的数据恰好是学者们能够从现实场景中获取的一类数据。如果获得的是其他类型的数据，则仍可以按照基本思路构建对应的模型。

仍以式（5-1）和式（5-2）的模型为例，在公开的社交网络情境下，顾客j在社交媒体上（Facebook、Twitter、微博）发布的信息是可见的，他的好友或者关注者也是可见的，好友是否转发了信息也是可见的。当然，因为是个多层连接的网络，要描述整个网络很复杂，但如果聚焦在单层网络上，并不算复杂。我们通过某个企业的内部数据能够看到顾客的购买时间和购买金额（或购买量）。企业只要看看自己发起的传播活动所直接影响的第一批顾客，然后把所有顾客受到影响后改变的销售额计算出来，就能够判断顾客相互影响最终产生的价值。最初的传播活动可以是企业发起也可以是顾客自发发起的，只不过如果是企业发起的活动，企业自身更容易剥离数据。同时，活动可以是企业发起的，但传播常常是不受控的。因此，受到传播影响的不仅仅是企业现有的顾客，也包括潜在顾客和其他无关人员。企业计算传播价值的时候，尤其是计算传播引发的直接顾客生命周期价值变化的时候，更多的是针对现有顾客和新顾客，而传播影响到的非顾客并不计算在内。

现实生活中，社交电商（例如拼多多目前的模式）经常通过发起或者支持类似的传播活动，实现获取新顾客或者找到新买家的目标。

三、衡量现有顾客多期影响力的变化

刚才是按照单期来计算顾客的影响力，如果想计算顾客多期的影响

力，所采用的逻辑仍旧是对多期的 CIE 或者 CIV 求和。只需要按照第四章的方法，把顾客生命周期的总期数（有新增或者流失）考虑在内即可，但加和时要考虑未来影响力的折现。如果认为顾客每期的 CIE 或者 CIV 都一样，则可以不采用加和的方法，而直接用单期值乘以总的期数即可。

如果认为所有顾客都一样，则可以用单个顾客的数值乘以顾客总数，这就能得到企业整体的数据。如果认为顾客之间有差异，则可以采用概率分布的期望值来代表典型顾客。这些思路都是第三章和第四章介绍过的。

如果考虑到每期的变化，也可以按照第四章介绍过的方法处理。一种方法是按照每期概率分布的期望值计算，即类似于式（4－9）的思路。另一种方法是先设定一个每期不变的基础值，然后考虑各期在基础值之上的变化。计算方法可以是“basevalue＋Δ”（类似于式（4－10）），也可以是基础值的指数形式，即$\text{basevalue}^{\Delta}$。Δ是 delta 的符号，通常代表增减量。Δ受到顾客（特征、行为）、企业（营销活动）和竞争者（营销活动）三方面的影响。区别只在于这里计算的是 CIE 和 CIV，在做数学变换时，把多期数据按照线性的“basevalue＋Δ”或者指数的“$\text{basevalue}^{\Delta}$”代入公式即可。这些只是一些数学上的变换，建立模型的思路本身并没有大的变化。

第二节　优化企业激励顾客相互影响的策略

有了第一节的基础，我们就能根据顾客的影响范围及由此引发的个体和群体生命周期价值的变化，量化顾客的相互影响。有了量化结果，企业就能据此优化自己在激励顾客相互影响方面的策略，以此提高企业业绩。

优化顾客之间的相互影响需要完成三个步骤的工作：第一，判断两人之间是否存在直接联系；第二，判断一个人发出的信息（信号）是否被另一个人看到；第三，预测接收信息的人是否因此采取了某方面的行动，例如传播信息或者购买产品。

本节将介绍如何针对上述三个步骤建立分析模型。

一、判断两人之间是否存在直接联系

以常见的互联网用户互动为例。这里所说的用户可以是顾客、消费

者、网民或者其他称谓，取决于模型所针对的场景。网上的互动有“平等互动”和“主次互动”两类：平等互动的双方类似于微信（或 Facebook）上的好友。两个用户是相互平等的，存在相互引用、转发的可能。主次互动的双方则类似于微博（或 Twitter）上的用户。通常一个是博主，其他人是粉丝。博主发布信息，粉丝浏览、点赞（或者转发）信息。信息传播基本是单向的，很少有博主转发粉丝的信息。式（5－2）考虑的是单向影响，我们也可以按照双向影响分别计算微信（或 Facebook）这种平等互动的情况。

判断两个用户之间是否存在直接联系，可以通过分析两者的共同特征来实现。这些特征通常是从基于具体情境的特定数据中提取得到，例如，两人是否都对对方的信息有所响应（例如点赞）；两人关注或者讨论类似的主题或有相似的观点（更容易被对方看到）；两人都属于同一个群体（容易在列表中相互看到）。诸如此类的特征，都是影响两个人是否建立起直接联系的因素。

实际研究时，虽然应该先从理论上分析影响两者关系的因素，但为了确保数据的可获得性，往往是先看企业具备了什么样的数据，然后才从理论上做初步分析，看哪些数据会影响两者建立联系。如果处理数据用的是计算机领域的范式，则经常会采用特征工程的方法，让计算机去寻找和确定哪些因素会造成影响。不少机器学习的方法挺有效的，但因为分析过程难以解读，本书不深入探究这个领域的方法。我们还采用基于理论的分析来看哪些因素会影响两者建立联系。

学者们基于理论，建立了预测两个人是否有直接联系的概率模型，模型的表达式如下所示：

$$P_r(\text{tie}_{\text{host}\rightarrow\text{receiver}}=1)=\frac{1}{1+\mathrm{e}^{-\sum_i \beta_i X_{\text{host}\rightarrow\text{receiver}}(i)+\varepsilon_1}} \tag{5-3}$$

我们先不看式（5－3），先回顾一下第四章中的式（4－8），如下所示：

$$P_r(\text{流失})=\frac{1}{1+\mathrm{e}^{\beta X}}$$

两个公式虽然细节不一样，但似乎有共同之处。你如果仔细阅读第四章，会发现第四章第三节提到过这样一个函数：$y=\frac{1}{1+e^{-x}}$。当 $x=[-\infty,\ 0,\ \infty]$ 时，$y=[0,\ 0.5,\ 1]$。也就是说，不论 x 如何变化，y 都落在 0～1 这个区间内。这个函数有名字，但这里不列出了，以免分散注意力①。

基于 $y=\frac{1}{1+e^{-x}}$ 这个函数，式（5-3）和式（4-8）其实是一个逻辑，都是为了把自变量转换成 0～1 之间的某种概率。式（5-3）等号左边表示的是信息发送者和接收者有直接联系的概率，等号右边是如何计算这个概率的表达式。其中 i 代表双方特征的某个方面，例如关注相似的主题、有相似的观点等。在电商场景下找两个相似用户时，也是看他们在各种行为上的共同点或者距离。至于更具体的思想大家可以参考第七章推荐系统设计的逻辑，这里先不展开讨论细节。式（5-3）等号右边 e 的指数的表达式是 $-\sum_i \beta_i X_{\text{host}\rightarrow\text{receiver}}(i)+\varepsilon_1$，其中的 i 就是判断用户相似的某个方面。$X_{\text{host}\rightarrow\text{receiver}}(i)$ 可以当作两个用户相似的评分或者距离。β_i 则是这个相似方面的参数，可以当权重来理解。ε_1 通常都是指残差，这个符号可以形象地理解为 error 的第一个字母。ε_1 通常有不同的分布估计，有些设定它服从正态分布，有些设定它服从其他分布。设定的不同会影响模型的叫法。不过，此处不必在意这些细节。我们甚至仍旧可以按照 $y=a+bx$ 来理解，把 ε_1 当作其中的 a 来理解。只不过，在式（5-3）中，我们看到的 y 是位于指数的位置，而且变成了 $e^{-\sum_i y_i}$ 这样的形式了。

式（5-3）就是计算两个用户之间的共同点，或者用计算机技术领域的思路，计算两个用户在各种行为上的距离，然后通过类似于 $y=\frac{1}{1+e^{-x}}$

---

① 这里重申一下，如果进行文献回顾，应该写清楚每个模型出自哪篇论文、作者是谁。但本书的目的不是文献回顾，而是帮助读者（企业的管理者）理解这些已有的研究成果。读者阅读本书提及的数学知识和模型已经很费脑了，所以写作的过程中，凡是不能带来新应用的内容，本书都省略掉了（例如，某个方法是谁在哪一年提出的，名词叫什么等），只集中于每种方法的思路和关键点。虽然书中所用的数学基础和应用模型并没有注意列明出处，但它们都来自对应的学者，而不是笔者。

为了降低难度，本书尽量讲清楚新模型和前面的哪个模型有相似之处，以便读者在之前章节所学的基础上逐步提升。

的形式，根据两个用户在多个维度上的距离判断他们有直接联系的概率。

二、判断信息是否送达或者被接收者看到

确定了两个用户有直接联系后，下一步就是看信息是否送达或者被接收者看到。有了第一步积累的数学模型的基础，这一步就很容易理解了。

我们还是用第一步的思路，认为一个信息能否被看到，受到多个因素的影响，然后把数据中包含的那些因素 X，采用与 $y=a+bx$ 类似的线性思路，对应具体信息能否被看到。数学表达式就是：

$$\text{visible}_{\text{host}\to\text{receiver}}=\sum_j \beta_j X_{\text{host}\to\text{receiver}}(j)+\varepsilon_2$$

这个表达式的思路和外观与式（5－3）中的 $\sum_i \beta_i X_{\text{host}\to\text{receiver}}(i)+\varepsilon_1$ 是一样的，差别是 i 换成了 j，但都是代表两个用户有关的某些特征，它可能和第一步涉及的特征一样，也可能不一样，或者有一些共同的部分。这里的 X 和式（5－3）中的 X 含义一样，表示某个特征的具体值：如果是同样的特征，则此处的 X 和式（5－3）中 X 的值是一样的。ε_2 的含义仍旧是剩余的那个值，与第一步中 ε_1 的含义一样，只是数值不同罢了，通常按照服从正态分布来处理。然后我们还是用 $y=\frac{1}{1+e^{-x}}$ 的形式，判断信息能否被看到的模型如下所示：

$$P_r(\text{see}_{\text{host}\to\text{receiver}}=1)=\frac{1}{1+e^{-\text{visible}_{\text{host}\to\text{receiver}}}} \tag{5-4}$$

式（5－4）和式（5－3）的表达式类似，目的是预测信息被看到的概率。

三、预测接收信息者的行为概率

第一步计算了两个用户是否有直接联系，第二步计算了信息是否送达或者被看到。关联用户看到信息后，会有转发（或者购物）的可能性。第三步则要预测信息接收方采取行动（转发或者购物）的概率。我们仍旧可以采用与式（5－3）或式（5－4）类似的思路，用类似于 $y=\frac{1}{1+e^{-x}}$ 的形式预测行为概率。

实践中，因为能够获得总体转发概率的数据，所以学者们采用了新的建模方式①，但都认为人群存在一个基础转发概率（或购买概率），各种内外部因素是在此基础比率的基础上影响具体用户的行为。

如果认为内外部因素 X 对转发概率 Y 的影响是线性的，可以建立 $y=a+bx$ 这样的模型，其中 a 作为基础转发概率。学者们通过测试，发现转发概率和内外部因素之间的关系用非线性描述更好，相当于建立一个类似 $Y=ab^X$ 这样的模型。实际的模型如下所示：

$$h_{\mathrm{m,host}} = h_0 \ \mathrm{e}^{\sum_k \beta_k X_{\mathrm{m,host}}(k)+\varepsilon_3} \tag{5-5}$$

式（5－5）中的 h 表示转发概率，$h_{\mathrm{m,host}}$ 表示用户看到某条信息 m（即 message 的缩写）后，作为发送者 host 的转发概率。式（5－5）等号右侧的 h_0 是基础转发概率。h_0 既可以是群体的基础转发概率，也可以是特定个体的基础转发概率，即 h_{0j}。

当企业有充分的个体层面的历史转发数据时，可以逐一计算每个用户的基础转发概率，或者用群体数据中的概率分布来推算每个用户的转发概率。如果数据不够精细，无法剥离出每个人的转发概率，则也可以用群体数据拟合出这个群体的基础转发概率。例如，一个由 n 个用户构成的群体，收到 q_1 条信息的情况下，一共对外转发了 q_2 条，据此算出群体的转发概率大致是 $h_0=q_2/q_1$。这个表达式只是为了说明思路，实际的计算当然没这么简单，有可能收到 1 条信息，转发了 5 次，如果直接用 $h_0=\frac{q_2}{q_1}=5$，转发概率都超过 1 了。但无论如何，我们有了一个代表群体转发概率的基础概率，然后可以在此基础上个性化预测每个人或者每条信息的转发概率。

式（5－5）等号右侧 e 的指数是 $\sum_k \beta_k X_{\mathrm{m,host}}(k)+\varepsilon_3$。其中 k 代表影响转发的某个方面，例如，可以用 $k=1$ 代表话题的热度；用 $k=2$ 代表信息接收者对话题感兴趣的程度，依此类推。$X_{\mathrm{m,host}}(k)$ 代表该方面的 X 的值。例如，如果 X 的取值范围是 1～10，$k=1$ 时，$x_1=5$ 代表这个话题的

---

① 我们在介绍式（5－1）和式（5－2）的时候提到过，在总的思路不变的情况下，采用哪些变量和模型的具体形式常常取决于能够获得哪些数据。

热度中等；$k=2$ 时，$x_2=10$ 则代表信息接收者对该话题很感兴趣。整个 $\sum_k \beta_k X_{\mathrm{m,host}}(k)+\varepsilon_3$ 是第 m 条信息的话题热度、信息接收者对其感兴趣程度等各方面的整体反映。它通过指数形式（即当作 e 的指数）在 h_0 的基础上，通过调整形成最终的 $h_{\mathrm{m,host}}$。注意，$h_{\mathrm{m,host}}$ 和 h_0 实际上可以指同一个人。只不过在等号左边他是充当发送者的角色，在等号右侧他充当信息接收者的角色。

如果想预测某条信息整体的转发概率，同样可以采用公式（5－5）。这时 k 对应的是用户，$\sum_k \beta_k X_{\mathrm{m,host}}(k)$ 就是把所有的用户（从 $k=1$ 到 $k=n$）的影响加总。X 又包括 x_1，x_2，…，x_n，对应用户的各个方面。其他参数的含义类似。综合起来预测某条信息 m 的总体转发概率 $h_{\mathrm{m,host}}$。

四、优化激励相互影响策略的思路

我们用式（5－3）得到了两个用户有直接联系的概率，用式（5－4）得到了信息送达或被看到的概率，用式（5－5）得到了看到信息以后采取行动的概率。将这三个概率相乘，就得到了某两个用户相互影响产生效果的概率。企业优化相互影响策略的方法，就是找到三个公式中所有的参数 β，使得最后的这个概率最大。

第三节　衡量相互影响对顾客流失的影响

在第四章计算顾客生命周期价值的时候，我们讨论过顾客流失（或对应的顾客保留）对顾客生命周期价值的影响。本节在此基础上，讨论顾客之间的相互影响对顾客流失或保留的影响。首先，要设计一些细化变量来衡量用户之间的相互影响。

一、衡量用户是否接触到流失或满意用户的变量

通常认为相互交流的人（可能是用户或者顾客）会存在某些相互影响。

交流可以有多种形式，通常是交互的。如果需要区分信息的传递方向，例如为了研究单向的影响，可以像第二节那样，明确划分单向的发出

或接收信息。如果认为只要交流就会产生影响，关注的是谁影响谁，而不是交流的方向，则可以按照相互交流的人的角色来划分。例如，一个满意的顾客跟其他人交流，可能会提高那些人的购买概率。同样，一个不满意的顾客会降低与他交流的人的购买概率。如果放在顾客流失的情境中考察，则一个流失的顾客可能会提高与他交流的其他顾客的流失概率。从中可以看出，我们既可以像第二节那样就交流本身进行研究，也可以就交流产生的影响进行研究。另外一些研究还把交流细分为点对点（电话、直发短信、直发微信）或点对面（在微信群里发信息、发微博、写商品评论等）两类。如果更为泛化地思考这个问题，也可以认为邻居间、同事间存在潜在连接。这种潜在连接能否成为真实连接可能会服从某个概率分布。住宅社区或工作单位的规模越大，存在真实连接的概率越低。

企业通常有数据能够识别出某个时间段哪些是满意的顾客，哪些是不满意的顾客。例如，某段时间对企业有好评的顾客或者投诉后得到满意回复的顾客往往对企业比较满意，而流失的顾客往往对企业不太满意。我们可以从某个时间段的顾客评论、企业的投诉记录或者流失客户名单中识别出这些顾客。那些在这个时间段与上述顾客有交流的人，就会受到他们的影响。企业有可能也获得了这些顾客之间是否“交流”的数据。例如，电商数据中记录有某个顾客是否看到了某条评论（评论的内容涉及是否满意），电信运营商存储了哪些人和流失的顾客有过通话或者短信交互的记录等。

有了顾客身份（满意/不满意/流失）和交互记录，就能量化其他人（用户或者顾客或者潜在顾客）受到的影响。这种影响是否会导致顾客行为改变是第二节关注的重点。本节主要考虑是如何衡量影响本身。

为了保证表述更简单，我们就以流失顾客为对象，研究他对跟他交互的其他顾客的影响。这里的流失顾客当然也可以换成满意的顾客，或者具有其他特点的顾客。本书的重点是解读定义变量和建立模型的方法。读者完全可以把书中的方法应用到新的情境，研究其他类型顾客的相互影响。例如，研究社交电商用户的相互影响，或者研究团购场景中的团长和团员以及团员之间的相互影响。

学者们①以流失顾客为例，定义了一个代表接触的变量，认为一个人只要与流失顾客有交流，他就会受到流失顾客的影响。原始论文中用的是运营商存储的通话记录，即谁给谁打过电话。你去电信运营商那里打印自己的通话记录详单，原始论文用的就是类似内容的数据。变量的定义是：

$$\text{Exposure}_{i,t}=\sum_{j\in \text{SN}_i}\delta_{j,t}$$

式中，t 代表第 t 期，具体含义取决于所用的数据，例如某个月；等号左侧的 $\text{Exposure}_{i,t}$ 代表用户 i 在第 t 期受到的影响的总和。等号右侧的 SN_i 代表用户 i 在第 t 期的社交网络（例如某个月和谁有通话记录）；j 代表处于用户 i 的社交网络中的一个用户，就是和用户 i 有通话记录的某个人；$\delta_{j,t}$ 表示用户 j 在第 t 期的状态，$\delta_{j,t}=1$ 代表用户 j 在第 t 期流失了，$\delta_{j,t}=0$ 代表用户 j 在第 t 期还是运营商的用户。因为研究关注的是流失顾客带来的影响，所以把 $\delta_{j,t}=1$ 设定为代表流失用户。

解释了半天，$\text{Exposure}_{i,t}$ 其实表示的就是用户 i 在第 t 期合计与多少个流失用户有通话。注意，$\text{Exposure}_{i,t}$ 不是表示通话次数，而是接触到的流失用户数量。我们可以想象一下，A、B、C、D 四个人都是中国移动的用户，C 和 D 采用“携号转网”的方式变成了中国联通的用户。中国移动标注 C 和 D 都流失了，但仍然可以记录到 A 和 B、C、D 三个用户是否有通话。如果 5 月份 A 只跟 B、C 有通话，则 5 月份 A 的 $\text{Exposure}_{\text{A},5}=1$。因为 B 没有流失，所以 $\delta_{\text{B},5}=0$；而 C 流失了，所以 $\delta_{\text{C},5}=1$。合计下来即 $\text{Exposure}_{\text{A},5}=1$。5 月份 A 没有跟 D 有通话，所以 D 在 5 月份不处于用户 $i=\text{A}$ 的社交网络 SN_A 中。

回顾之前提到的预测模型，如下所示：

$$P_r(\text{流失})=\frac{1}{1+\mathrm{e}^{\beta X}}$$

$$h_{\text{m,host}}=h_0\ \mathrm{e}^{\sum_k \beta_k X_{\text{m,host}}(k)+\varepsilon_3}$$

这些公式中都有一个大写的 X。当时我们对这个 X 做过初步的解释，表示根据研究的主题和场景，X 代表那些会对结果（即等号左侧的预测

---

① NITZAN I, LIBAI B. Social effects on customer retention. Journal of Marketing, 2011, 75 (6): 24 - 38. https://doi.org/10.1509/jm.10.0209.

目标）产生影响的多种内部（顾客）或外部（企业营销行为）因素，但并没有进一步解释这些因素是什么以及如何测量。现在我们可以把 $\text{Exposure}_{i,t}$ 理解成 X 代表一个 x_1，还会有其他 x_2，x_3，…。用这种受到流失用户的影响来预测现有用户的后续行为（转发、购买、流失等）。

二、衡量用户之间交往强度的变量

一个用户要受到另一个用户的影响，除了需要有机会交往外，还受到交往量的影响。除此之外，有的人喜欢跟人频繁交往，有的人则不喜欢。所以，同样的交往量所产生的影响，还取决于它占总的交往量的比重。这类似于企业播出广告，效果不仅取决于本企业广告播放量的绝对值，还取决于同期全行业播放了多少广告以及用户看到了多少广告。

人和人交往的方式有多种，既可以是线下的当面交谈，也可以是打电话、发短信、发微信，或者其他线上活动。交往过程中，一个人会受到另一方影响或者影响另一方。实践中把哪种方式视作交往，取决于企业所在的行业和拥有哪种交往数据。本小节主要讨论如何衡量交往，所提出的变量适用于各种交往场景。

仍旧以两个人通话为例，学者们定义了一个交往强度（tie strength）变量，即

$$\text{TS}_{i,j}=\frac{\text{Vol}_{i,j}}{\text{Total Vol}_i}$$

式中，$\text{TS}_{i,j}$ 表示 i 和 j 两个用户的交往强度；$\text{Vol}_{i,j}$ 代表 i 和 j 两个用户的交往量，原始论文中是通话时间长度；Total Vol_i 代表用户 i 当期与其社交网络所有用户的总通话时间长度。其他情境下，可以用发短信或发微信的条数替代通话时间长度。原始论文把一条短信折合成 1 分钟的通话时间。这种折合并没有经过拟合替代方面的检验，只是研究者的一种自由设计。$\text{TS}_{i,j}$ 表示的核心概念是“用户 i 和用户 j 的交往量”占“用户 i 跟所有人的交往量”的比重。如果这个比重大，则用户 i 受到用户 j 的影响就大。

有了 $\text{TS}_{i,j}$ 这个变量的定义，回到本小节的主题，即用户 i 受到其他流失用户的影响。我们需要衡量用户 i 受到他所交往的所有流失用户的总影

响。学者们定义了一个表示平均交往强度的变量，即

$$\mathrm{avgTS}_{i,t}=\frac{\sum_{j\in \mathrm{SN}_i}\mathrm{TS}_{i,j}\delta_{j,t}}{\sum_{j\in \mathrm{SN}_i}\delta_{j,t}}$$

等号左侧的$\mathrm{avgTS}_{i,t}$表示用户i在第t期与流失用户的平均交往强度，等号右侧的分母$\sum_{j\in \mathrm{SN}_i}\delta_{j,t}$表示用户$i$在第$t$期所交往的流失用户的总数。如果用户$i$某期一个流失用户都没有交往过，即$\sum_{j\in \mathrm{SN}_i}\delta_{j,t}=0$，则定义$\mathrm{avgTS}_{i,t}=0$。分子$\mathrm{TS}_{i,j}\delta_{j,t}$不仅考虑了流失用户，还考虑了和流失用户的交往强度。$\delta_{j,t}$仍旧表示用户j在第t期的状态，$\delta_{j,t}=1$代表用户j在第t期流失了，$\delta_{j,t}=0$代表用户j在第t期还是运营商的用户。

从含义上看，$\mathrm{avgTS}_{i,t}$既考虑了用户i和流失用户的交往量，还用其所交往的流失用户总数做了平均。变量$\mathrm{avgTS}_{i,t}$实际上表示用户i与其社交圈内所有流失用户的平均交往强度。此强度越大，则用户i受他们影响而流失的可能性越大。

三、衡量用户之间相似性的变量

虽然有忘年交、性格互补之类的说法，但在思考用户相互影响的时候，我们还是假设两个用户相似之处越多，相互之间的影响越大。例如，同年龄的人更容易认同对方的想法（比如偏好、决定等），同一个家庭的人、同样收入的人、同样教育背景的人更容易感同身受，因而受到对方的影响也更大。

衡量用户相似性其实是看两个用户在多少个维度上相似，所采用的维度取决于企业所掌握的数据。我们可以把企业所拥有的数据想象成一个 Excel 表，每一行代表一个用户，每一列代表一个维度。表格内容包括静态信息（性别、年龄、住址、教育、收入等）、动态信息和标签信息等。动态信息会随着时间不断变化，通常要经过计算得出，可能包括到店次数（实体店、电商数据）、通话时长（运营商的数据）、活跃时段等。标签信息常常是企业根据用户特征或用户在其他行业的行为特点对用户的标定。例如，有的企业根据用户手机安装的 App 种类，给用户打上理财、旅游、

育儿达人等标签。当然，也可能从第三方购买到用户的这些标签信息。表格的形式可能如表 5－1 所示：

表 5－1　企业可能存储的顾客特征信息

顾客ID	姓名	静态信息					动态信息			标签信息			
		性别	年龄	住址	教育	收入	到店次数	通话时长	活跃时段	理财达人	旅游达人	育儿达人	美妆达人
1234	zqs	男	40	北京	高中	中	0	50	早	1	0	1	1
1369	wst	男	40	北京	大学	高	1	20	中	0	1	1	0
2345	lzh	男	35	上海	大学	中	0	40	晚	1	0	0	1

如果加以区分，我们可以赋予静态信息、动态信息和标签信息不同的权重。如果认为用户每个维度的信息具有同样的重要性，也可以给每个维度设置同样的权重。表 5－1 除了顾客 ID 和姓名之外的数据一共有 12 列，如果都采用的话，可以认为是 12 个维度的数据。如果两个顾客在这 12 个维度上都一样，则可判定他们的相似度是 100%，如果只在 6 个维度上一样，则相似度是 50%。

我们按照与衡量用户交往强度类似的思路来构建相似度变量（homophily），即

$$H_{i,j}=\frac{\text{Similarity}_{i,j}}{\text{Total Dimension}_i}$$

式中，$H_{i,j}$表示i和j两个用户的相似度；$\text{Similarity}_{i,j}$表示i和j相同的列数；Total Dimension_i则表示i的数据一共有多少列。类似地，用户i和流失用户的平均相似度即为：

$$\text{avg}H_{i,t}=\frac{\sum_{j\in SN_i}H_{i,j}\delta_{j,t}}{\sum_{j\in SN_i}\delta_{j,t}}$$

等号左侧的$\text{avg}H_{i,t}$表示用户i在第t期与流失用户的平均相似度，等号右侧的分母$\sum_{j\in SN_i}\delta_{j,t}$表示用户$i$在第$t$期所交往的流失用户的总数。如果用户$i$某期一个流失用户都没有交往过，即$\sum_{j\in SN_i}\delta_{j,t}=0$，则定义$\text{avg}H_{i,t}=0$。分子$H_{i,j}\delta_{j,t}$不仅考虑到流失用户，还考虑了用户$i$与流失用户的相似度。$\delta_{j,t}$仍旧表示用户$j$在第$t$期的状态，$\delta_{j,t}=1$代表用户$j$在第$t$期流失了，

$\delta_{j,t}=0$ 代表用户 j 在第 t 期还是运营商的用户。

四、利用行为数据计算用户满意度

除了顾客之间的相互影响外，影响顾客是否继续使用（购买）企业服务的因素还包括顾客的满意度等。

衡量满意度最简单的方法当然是直接询问顾客，例如让顾客用 1～10 打分之类的方法。不过，这种方法存在两方面的问题：一是顾客未必会真实反映情况；二是进行满意度调查本身有成本，难以长期持续，还存在抽样偏差或者愿意回答者偏差。

有越来越多的企业开始利用用户行为数据来推算顾客满意度。一种方法是看顾客的消费量。如果认为顾客需求是相对稳定的，当顾客某段时间的消费量持续下降时，就折射出顾客对企业的满意度下降。另一种方法是看顾客的投诉率。顾客不满意才会投诉，如果投诉增多，企业认为肯定是不满意增加了。

学者们用当期使用量（购买量）与过去几期平均使用量（购买量）的比值来衡量使用量（购买量）的变化，即

$$\Delta \mathrm{Use}_{i,t} = \mathrm{Use}_{i,t}/\mathrm{mean}(\mathrm{Use}_{i,t-1}, \mathrm{Use}_{i,t-2}, \mathrm{Use}_{i,t-3})$$

式中，t 代表第 t 期，$t-1$ 代表第 t 期的前一期，$t-n$ 代表第 t 期的前 n 期。这里的定义考虑的是前三期的平均值，当然也可以根据需要使用之前的 n 期。或者不用平均值而是用其他方法得到一个预测值，例如通过趋势外推法得到一个值。$\mathrm{Use}_{i,t}$代表顾客 i 在第 t 期（即当期）的使用量或者购买量。如果 $\mathrm{Use}_{i,t}$和平均值一样，则 $\Delta \mathrm{Use}_{i,t}=1$。如果 $\mathrm{Use}_{i,t}$小于平均值，则 $\Delta \mathrm{Use}_{i,t}<1$。这表示顾客使用量或者购买量在下降，可能隐含着不满意。

投诉记录可以用 $\mathrm{Service\ Record}_{i,t}$表示，通常很少有满意的顾客打客服中心的电话，往往是不满意的顾客或者需要解决问题的顾客才会打电话。我们可以根据情况直接将打来电话的次数或者总的通话时长作为投诉数据。当然，如果行业特殊，或者有详细的文字记录，可以更为细化地把 $\mathrm{Service\ Record}_{i,t}$的记录分为正负等。

除此之外，通常要考虑一些控制变量对结果解读的影响。通常要考虑

的控制变量包括两类：一类是涉及顾客人口统计信息的变量（Demography），例如年龄、性别、教育程度等；另一类是反映顾客和企业关系的时间长度（Tenure）、交易频繁程度等的变量。有的时候，我们还需要根据用户画像中的标签来区分不同类型的顾客。

五、引入多种影响因素预测顾客流失

在前面我们聚焦于如何衡量用户的相互影响，为此提出了多个变量并介绍了具体的计算方法。这些变量可以用在多种模型中，用于预测顾客流失等。下面根据是否考虑顾客之间的相互影响建立两类预测顾客流失的模型。

1. 不考虑顾客之间的相互影响

为了突出核心思想，我们先不考虑顾客之间的相互影响。例如，基于满意度建立的概念性流失预测模型：

$$h_i(t \mid x_{it}) = f(\Delta \text{Use}_{i,t}, \text{Service Record}_{i,t}, \text{Tenure}_i, \text{Demography}_i)$$

式中，$h_i(t \mid x_{it})$ 表示顾客 i 于第 t 期在多种条件下的流失概率；x_{it} 涉及顾客使用量变化 $\Delta\text{Use}_{i,t}$、顾客投诉情况 $\text{Service Record}_{i,t}$、顾客第一次购买企业产品至今有多久 Tenure_i、顾客的人口统计特征 Demography_i 等。

如果采用 $h = h_0\, e^{\sum \beta_i x_i + \varepsilon}$ 这样的操作性实际模型，则上述公式可以改写为：

$$h_i(t \mid x_{it}) = h_0\, e^{\alpha + \beta_1 \Delta\text{Use}_{i,t} + \beta_2 \text{Service Record}_{i,t} + \beta_3 \text{Tenure}_i + \beta_4 \text{Demography}_i + \varepsilon}$$

这个公式看起来挺复杂的，但其实仍旧是 $h = h_0 e^X$ 模型，只不过把之前没有展开的 X 的内容，也就是代表使用、投诉、关系时长和人口统计特征的那些变量，具体列了出来。

2. 考虑顾客之间的相互影响

如果把顾客之间的相互影响也考虑在内，可以在上述模型的基础上增加更多变量，即

$$h_i(t \mid x_{it}) = f(\Delta \text{Use}_{i,t}, \text{Service Record}_{i,t}, \text{Tenure}_i, \text{Demography}_i, \text{Exposure}_{i,t}, \text{avgTS}_{i,t}, \text{avg}H_{i,t})$$

这里增加了更多的自变量，包括$\text{Exposure}_{i,t}$、$\text{avgTS}_{i,t}$、$\text{avg}H_{i,t}$三个

变量。

如果认为顾客之间的相互影响产生效果会有滞后，也就是说一个人知道其他人的情况（不满意或流失）后，其行为会有几期的滞后，则可以在模型中考虑滞后带来的影响，即

$$h_i(t \mid x_{it}) = f(\Delta \mathrm{Use}_{i,t}, \mathrm{Service\ Record}_{i,t}, \mathrm{Tenure}_i, \mathrm{Demography}_i, \mathrm{Exposure}_{i,t}, \mathrm{avgTS}_{i,t}, \mathrm{avg}H_{i,t}, \mathrm{Exposure}_{i,t-1}, \mathrm{Exposure}_{i,t-2}, \mathrm{Exposure}_{i,t-3})$$

这里在前面模型的基础上增加考虑了前三期的影响（更早期的影响忽略不计了），对应的是$\mathrm{Exposure}_{i,t-1}$，$\mathrm{Exposure}_{i,t-2}$，$\mathrm{Exposure}_{i,t-3}$。

实际工作中，企业可以根据所处行业和决策目标尝试多种模型，选择其中最能满足目标的即可。

第四节　通过现有顾客的推荐获取新顾客

企业可以通过两个来源获取新顾客：一是直接通过各种营销活动（广告、促销）吸引新顾客，即常说的“拉新获客”；二是引导现有顾客推荐新顾客，即常说的“推荐获客”。

从企业自身的营销实践中发现，“拉新”获取新顾客速度快，但得到的顾客未必与企业匹配，顾客流失率高。随着潜在顾客不断转化为新顾客，“拉新”的成本越来越高。

现有顾客既了解企业的情况，也了解好友的情况。“推荐”获得的新顾客跟企业匹配度高，顾客的留存率更高。有些情况下，企业甚至没有渠道接触并影响某类潜在顾客，只能通过“推荐”的方式获客。

诸如拼多多这样的社交电商把“推荐获客”推向了极致。其关注点不仅是新顾客，还利用社交人群更为相似的特点，提高产品在同类人群中的分销程度。

本节先用一些理论模型分析现有顾客愿意向朋友推荐企业或产品的边界条件。然后再用实证模型介绍如何得出可执行的“推荐获客”最优方案。下文并不将实际的数据代入理论模型，而是以符号表示推导出各种变化的边界条件。这相当于弄清楚黑白两极，实践中的各种情况（相当于灰度）都属于两极之间的过渡状态。理论模型相对实证模型更为抽象，但有

助于展现关键逻辑。实证模型则主要找出“获得的收益”减去激励推荐的“成本”后的利润最大化方案。

我们先从顾客决策的角度，分析顾客做出购买决策的边界条件。然后以此为基础，增加考虑顾客会向他人推荐企业或产品的边界条件。

一、顾客购买产品的概率

我们先从道理上分析顾客做出购买决策的边界条件，然后寻找一个能够计算这个边界条件的方法，最后据此得到顾客购买产品的概率。

1. 顾客购买产品的边界条件

顾客购买产品的前提条件是购买行为导致的收益大于支出——通俗点说，就是觉得这个交易“划得来”或者“值得”。例如，消费者觉得某产品的功能加上它的品牌，应该值 500 元（这就是“认知价值”）。如果该产品定价是 500 元或者低于 500 元，他就有可能购买。如果定价超过 500 元，他会觉得不值，也就不会购买。如果用公式表示，就是value－price≥0，缩写即为：

$$V-P\geqslant 0$$

2. 可用于代表产品认知价值分布的概率密度函数

不同顾客对同一产品的认知价值会有差异。我们可以用在第三章学过的概率分布来表示同一产品在不同顾客心目中的认知价值。如果多数顾客感受到的认知价值差异不大，则其可以用正态分布来表示。如果多数顾客心目中的认知价值偏向左边或者右边，则其可以用有偏峰的 Gamma 分布来表示。如果顾客之间差异很大，两类顾客对产品的认知价值相差很大，则其可以用 Beta 分布来表示。第三章介绍了这些分布的表达式和计算方法，即

$$\text{正态分布}:\mathrm{PDF}_{\mathrm{normal}}(\mathrm{Interval}=t\mid\mu,\sigma^2)=\frac{1}{\sigma\sqrt{2\pi}}\mathrm{e}^{-\frac{(t-\mu)^2}{2\sigma^2}}$$

$$\text{Gamma 分布}:\mathrm{PDF}_{\mathrm{gamma}}(\mathrm{Interval}=t\mid\alpha,\beta)=\frac{t^{\alpha-1}\,\mathrm{e}^{-t/\beta}}{\beta^{\alpha}\Gamma(\alpha)}$$

$$\text{Beta 分布}:\mathrm{PDF}_{\mathrm{beta}}(\mathrm{Interval}=t\mid\alpha,\beta)=\frac{\Gamma(\alpha+\beta)}{\Gamma(\alpha)\Gamma(\beta)}t^{\alpha-1}\,(1-t)^{\beta-1}$$

我们不必在乎这些公式有多复杂，只需关注公式需要几个参数，以及计算这些参数的方法即可。第三章介绍了如何用实际数据计算出这些参数和对应的分布的概率密度函数（PDF）。

3. 累积分布函数和概率密度函数的对应关系

数学上与 PDF 紧密相关的是累积分布函数（cumulative distribution function，CDF）。以正态分布为例，可画出其 PDF 和 CDF，如图 5-1 所示：

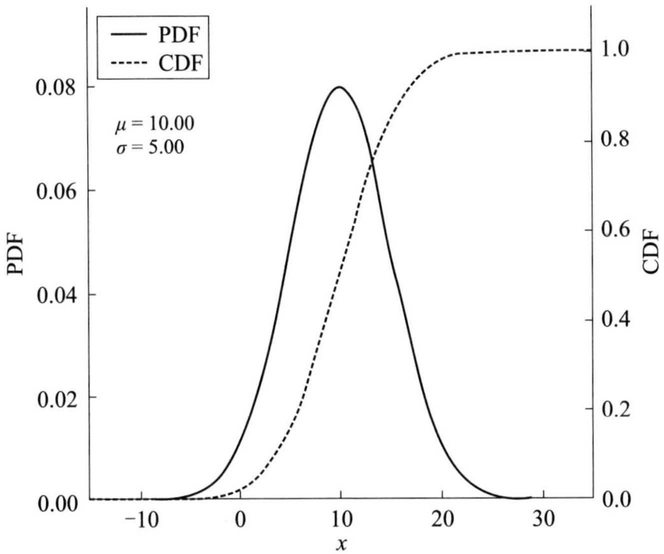

图 5-1　正态分布的概率密度函数和累积分布函数

从数学含义来说，CDF 是 PDF 从负无穷到当前值的积分，你可以把这里所说的积分理解为某一点左侧 PDF 曲线下方所包含面积的总和。积分原始的用途是把曲线下方分成无数个小的竖条，以便通过加总竖条的面积得到曲线下方面积的近似值。当分割成的竖条足够多时，此近似值接近实际值。PDF 是 CDF 的导数，CDF 是 PDF 的积分。我们也可以完全不用管刚才说的这些导数、积分之类的方法和关系，只需要了解有了 PDF 就能求出 CDF，反之亦然。

我们从式（3-2）、式（3-3）和式（3-4）已经能够得到某种分布的 PDF，采用某种数学变换（不管具体如何实现），最终能够得到对应的 CDF。

4. 用累积分布函数反映变量小于某个值的概率

CDF 的数学定义是 $F(x)=P_r(\text{variable}\leqslant x)$，代表某个变量小于等于 x 的累积概率是 $F(x)$。公式中用的是小写 x，这就类似“$y=a+bx$”，其中 x 是自变量。随着自变量 x 的不同，因变量 $F(x)$ 自然也不同。$F(x)$ 就表示其对应的某种概率密度函数（是一条曲线）在横坐标为 x 的某点左侧的累积概率。我们只要记得 $F(x)$ 是个跟 x 有关的概率值即可。$F(x)$ 括号中的符号是 x 还是其他符号无关紧要，也可以直接用 $F(*)$ 表示，结果跟括号中采用什么符号无关。这就像式（3-2）所示的正态分布的形式是固定的，跟用什么样的符号表示无关。如果把 σ 和 μ 换成其他的符号也一样，只要计算方法不变就行。其他分布也是一样的道理。

扫除了理解 PDF 和 CDF 的障碍后，我们还是回到本节的例子中。不论最终采用的是式（3-2）至式（3-4）中的哪种，反正能够知道顾客对某产品的认知价值 V 的分布（就是在心目中觉得产品值多少钱）。有了 V 的 PDF(V)，自然也就能得到其 CDF(V)（前面说过两者之间通过积分和导数能够相互变换）。通常，默认用 $F(V)$ 表示 V 的累积分布函数。

企业可以通过做广告或者其他方式改变顾客对产品的认知价值。如果图 5-1 的横坐标代表顾客对产品的认知价值，则企业做宣传的目的，就是希望图中的 PDF 的波峰向横坐标右半部分移动，即希望觉得该产品价值高（靠右侧）的顾客多（概率密度高）。我们先讨论企业不施加任何影响时顾客群初始的 PDF(V)，它对应 $F(V)$。不考虑企业宣传时，$F(V)$ 曲线就只与顾客有关。这种设定下，因为企业不影响顾客对产品的认知价值，企业只能通过改变价格来影响顾客的购买决策。

我们现在有了 CDF 的曲线 $F(x)=Pr(\text{variable}\leqslant x)$。如果关注的 x 是企业制定的产品价格 P，则 $F(P)$ 就表示产品认知价值 V 小于等于 P 的概率。如果你还没理解的话，想一想 $F(x)$ 曲线表示的是变量在 x 左侧的累积概率值。现在的 x 是 P，而我们关注的变量是 V，则 $F(P)$ 表示的就是 $P_r(V\leqslant P)$，即 $V\leqslant P$ 的概率。

5. 用累积分布函数计算顾客购买产品的概率

我们在本节刚开始时讨论过，只有在企业定价 P 低于顾客对产品的

认知价值 V（即 $P\leqslant V$）时，顾客才会购买。现在有了 $V\leqslant P$ 的概率，要想求 $P_r(P\leqslant V)$，只要利用 $1-P_r(V\leqslant P)=1-F(P)$ 即可。因为 $P\geqslant V$ 和 $P\leqslant V$ 合起来的概率是 1。

因此，顾客不考虑推荐激励机制，单纯考虑产品本身的购买概率是：

$$P_r(\text{购买})=1-F(P)$$

二、顾客向他人推荐产品的概率

当产品的价格低于顾客的认知价值时，顾客会购买产品。如果产品超值，顾客有可能向他人推荐。企业还可以通过营销手段，激励顾客向他人推荐。下面先分析顾客向他人推荐的边界条件，再讨论企业激励顾客向他人推荐的条件，然后以此为基础，计算顾客向他人推荐的概率。

1. 顾客向他人推荐产品的边界条件

顾客购买某产品只能说明他觉得该产品“值”这个价格（即 $V-P\geqslant 0$），但并不意味着他会向其他人推荐产品。只有觉得超值时，他才有可能向其他人推荐。超值或者源于产品本身的价值（即 value），或者源于企业的定价（即 price），两者之间的差值只有超过一定程度时，才算是超值。这个“一定程度”在原论文①中被称作惊喜门槛（delight threshold，缩写为 D）。那么，顾客向其他人推荐的条件就是 $V-P\geqslant D$。

2. 企业对顾客推荐行为的激励

企业为了鼓励顾客向他人推荐，通常会采用某种激励措施。激励措施的本质是提高 V 或者降低 P。例如奢侈品是通过塑造品牌来提高 V，其他企业可以通过促销来降低 P。当然，也有既不直接改变 V 也不直接改变 P，而给消费者的推荐行为提供补贴的。

为了把事情说清楚，我们仍旧保留 V 和 P（对应于原始状态的产品认知价值和价格），而企业激励推荐的奖励用 R 表示。

我们对“推荐”的理解不要太僵化。“推荐”代表一类行为，包括给好评、分享感受、拍个视频等，实践中会有多种行为。例如，消费者去餐

---

① EYAL B，EITAN G，BARAK L. Customer referral management：optimal reward programs. Marketing Science，2001，20（1）：82－95. http：//dx. doi. org/10. 1287/mksc. 20. 1. 82. 10195.

馆点了“剁椒鱼头”这道菜。如果僵化地理解“激励推荐”，就是服务员跟顾客说“你发条朋友圈信息说咱们店（或者这道菜）好，等会结账的时候给你打九折”。如果泛化地理解“激励推荐”，则“激励”可以包含各种行为。例如，服务员上菜以后，向剁椒鱼头倒上一两高度白酒，然后用打火机点着。顾客觉得很新奇，拍了短视频发到朋友圈分享。“倒上白酒并点火”就是一种激励行为，顾客发视频向朋友分享就是“推荐”。我们可以把企业付出的“一两白酒和服务员劳动”的成本，平摊到这一桌每个顾客身上，作为企业提供的人均激励 R。

3. 潜在顾客看到推荐后的转化率

我们刚才是从企业的视角看待激励推荐。现在换个角度，看看接收到推荐信息的顾客行为。

我们还是用刚才“剁椒鱼头”的例子。服务员点火后，并不是所有的顾客都会拍视频分享。如果 4 个顾客中有 2 个拍了视频并分享，则人均分享率就是 50%。依此类推，这 4 个顾客的朋友只有一定比例的人注意到了分享的内容。另外，他们即便看到了，仍可能由于口味、交通、时间等各种因素，也只有一部分人会来餐馆尝试一下这道菜。

我们把所有这些比例综合起来看待，用一个转化率 α 表示。其含义是企业设计一个点火活动（即激励推荐），最终转化成产出的比例。这里的产出可以是新顾客的数量、菜品的销售额或者餐馆的营业额。例如，有 10 桌一共 40 位顾客看到了点火表演，其中有 20 位顾客进行了分享，最终来了一个潜在顾客，则转化率为 1/40。这里做详细解释是希望读者能理解转化率折射的现实和所代表的抽象概念。在理论模型中，我们不用思考那么多的细节，只需要知道有这个比例即可。

4. 有推荐激励时，顾客向他人推荐产品的边界条件

实践中，企业可能会采用多种形式激励顾客进行分享。我们不区分具体的方式，而是用前面提到的 R 来泛化代表各种激励及其成本。上面是按照人数计算推荐比例 α。如果对应到一个顾客身上，则意味着单一顾客有 α 的概率会分享或推荐。因此，单一顾客得到的向他人推荐产品的激励是 αR 而不是 R。

前面的分析涉及产品的认知价值（V）、产品价格（P）、顾客向他人

推荐会得到的奖励（αR）、惊喜门槛（D）。顾客是否向他人推荐产品的边界条件的表达式如下所示：

$$V-P+\alpha R\geqslant D \tag{5-6}$$

5. 有推荐激励时，顾客向他人推荐产品的概率

我们对式（5-6）做个简单变形，就得到了 $V\geqslant D+P-\alpha R$。我们已经有了累积分布函数的表达式 $F(*)$。CDF 的数学定义是 $F(x)=P_r(\text{variable}\leqslant x)$，$F(*)$ 代表所关注变量小于等于 * 时的累积概率，则 $F(D+P-\alpha R)$ 就是所关注变量小于等于 $D+P-\alpha R$ 的累积概率。只要用 1 减去这个概率，就得到了所关注变量大于 $D+P-\alpha R$ 的累积概率。我们关注的变量是认知价值 V。那么，有推荐激励时，顾客向他人推荐产品概率就是：

$$P_r(\text{推荐})=1-F(D+P-\alpha R)$$

三、激励推荐对企业利润的影响

用激励推荐活动开始时的“顾客数量”乘以“推荐的概率 Pr（推荐)”就得到了会有多少顾客向他人推荐企业或产品。这个数值再乘以转化率 α 就得到了“新顾客的数量”。

1. 顾客数量的标准化

在继续介绍后面内容之前，这里插入变量定义和数据处理的思路和方法，以便于理解他人的模型和说法。

理论模型经常把顾客的总数设定为 1，最终的模型根本就不包含顾客数量这一项。这读起来很令人困惑。

假设有两个顾客群，一个有 100 位顾客，另一个有 120 位顾客。如果想找个量纲或量级简单表达人数，例如，用 100 作计数单位，则前一个顾客群的顾客数量为 1 个单位，而后一个顾客群为 1.2 个单位。如果直接用 120 作计数单位，则后一个顾客群也可以记为 1 个单位，只不过每单位有 120 人。你可以理解为部队中的 1 个连。

这个计数单位也可以是看起来更为奇怪的任何数，例如 2 749 这样的没有任何含义和特点的数字。如果用 12 作计数单位，似乎也挺奇怪，但

这是西方用了很多年的一打的计量单位。我们说喝了 1 件啤酒或者 1 箱啤酒（24 瓶），也是类似的逻辑。

机器学习领域经常会对数据做“标准化”或“归一化”处理。虽然方法不同，但核心思路类似。理解了这种思想，就容易明白为什么很多模型不包括顾客数量，而只是若干概率或者比例相乘。

2. 激励推荐活动获取的新顾客数量

把前面的讨论结果用公式表示出来，就得到了下面的表达式：

$$\begin{aligned}\text{一次激励推荐活动获取的新顾客数量} &= \text{活动开始时的顾客总数} \\ &\quad \times P_r(\text{推荐}) \times \alpha \\ &= 1 \times P_r(\text{推荐}) \times \alpha \\ &= P_r(\text{推荐}) \times \alpha \\ &= [1 - F(D + P - \alpha R)]\alpha\end{aligned}$$

这些新顾客将来还按照同样的转化率 α 进行第二次推荐，第二次获取的新顾客（注意，仅仅是第二次获取的新顾客而不是最初的所有顾客）又按照同样的转化率 α 进行第三次推荐。只需要把这个过程持续下去，即可得到一次激励推荐活动能吸引到的新顾客的长期价值。省略中间的推导过程，企业因为激励推荐而获得的额外顾客数量是：

$$\begin{aligned}&\{[1 - F(D + P - \alpha R)]\alpha + [1 - F(D + P - \alpha R)]\alpha^2 \\ &\quad + [1 - F(D + P - \alpha R)]\alpha^3 + \cdots\} \\ &= \frac{\alpha}{1-\alpha}[1 - F(D + P - \alpha R)]\end{aligned}$$

3. 考虑激励推荐投入后的企业总利润

如果每个顾客购买价格为 P 的产品，则企业扣除激励推荐的成本 R 之后的利润如下所示：

$$\Pi(P,R) = [1 - F(P)]P + \left\{\frac{\alpha}{1-\alpha}[1 - F(D + P - \alpha R)]\right\}(P - R) \tag{5-7}$$

理论模型默认用 Π 或 π 表示企业获得的总利润。

在式（5－7）中，等号左侧（P，R）表示这个利润是考虑价格 P 和激励成本 R 得到的利润。

等号右侧第一部分$[1-F(P)]P$是顾客数量1乘以与激励推荐无关的购买概率，也就是会有多少顾客购买，再乘以产品价格，得到的是最初的那些顾客带给企业的收入。

等号右侧第二部分是$\left\{\frac{\alpha}{1-\alpha}[1-F(D+P-\alpha R)]\right\}(P-R)$。其中，$\left\{\frac{\alpha}{1-\alpha}[1-F(D+P-\alpha R)]\right\}$是激励推荐活动所带来的购买产品的累积总人数（注意，公式中略掉了标准化以后的顾客数量1）。然后又用这个人数乘以企业获得的单位净收入（产品价格P减去了激励成本R）。两部分合在一起得到的是因为激励推荐活动而获得的净收益。

想必读者也注意到了，式（5-7）并没有扣除产品的成本，因此它其实是一个企业收入的表达式而不是利润的表达式。只不过我们的决策目标不是利润的绝对值，而是利润的最大化。在毛利率已知的情况下，收入和利润有确定的对应关系。

四、优化企业激励推荐的策略

明确了激励推荐对企业利润的影响后，剩下的工作就是找出使企业利润Π最大化的（P，R）组合。数学表达式为：

$$\max_{P,R}\Pi(P,R)\text{s.t.}\quad P\geqslant R\geqslant 0$$

其含义是找出（P，R）组合构成的利润$\Pi(P,R)$的最大值，s.t.是subject to的缩写，表示服从后面的条件，条件是设计的定价P和激励成本R都大于等于0，而且激励推荐的投入要低于产品价格，否则企业会面临短期的损失。

1. 企业面临的三种情境和涉及的决策变量

我们在分析顾客决策的时候，区分了有、无企业激励推荐两种情况。对企业而言，也存在几种情境，企业需要比较不同情境的最优P、R策略。

情境A：不认为顾客会向他人推荐，单纯从企业自身的角度考虑如何设定价格P，从而使企业利润最大化。

情境B：认为顾客有可能向他人推荐，但企业不打算投入资源激励推荐，据此设定价格 P 使得企业利润最大化。

情境 C： 认为顾客有可能向他人推荐，企业为顾客推荐设置激励措施（实质是考虑激励推荐的成本），据此考虑如何设定价格 P 和激励成本 R。

从式（5-7）能够看出，企业要决策的变量是价格 P 和激励成本 R，除此之外，还涉及代表超值的惊喜门槛 D、转化率 α 和代表产品认知价值的累积分布函数 $F()$（对应有 PDF）。实践中，D、α 和 $F()$ 都可以通过某个顾客群的实际数据拟合得到。我们只需要在式（5-7）中代入实际的 D、α 和 $F()$，就可以计算 A、B、C 三种情境下的最优 P 和 R 的值。

2. 寻找使利润最大化的（P，R）组合

原论文作者用均匀分布的 $F()$ 对三种情境的结果进行了比较。均匀分布的 $F()$ 对应的概率密度函数画在图上就是一条横线（你可以据此有个形象的思考），其范围内的 $F()$ 的数学表达式是 $F(x)=\frac{x-a}{b-a}$（$a\leqslant x\leqslant b$）。经过变形，其实就是 $F(x)=\left(\frac{1}{b-a}\right)x-\frac{a}{b-a}$，这是类似于“$y=ax+b$”的线性关系。如果要计算 $F(P)$，就把 $F(x)$ 中的 x 替换成 P，计算其他变量也类似。这样，式（5-7）在 $F()$ 是均匀分布的情况下就变成了下面这样的①：

$$
\begin{aligned}
\Pi(P,R) &= [1-F(P)]P+\left\{\frac{\alpha}{1-\alpha}[1-F(D+P-\alpha R)]\right\}(P-R)\\
&=\left[1-\left(\frac{1}{b-a}\right)P+\frac{a}{b-a}\right]P\\
&\quad+\left\{\frac{\alpha}{1-\alpha}\left[1-\left(\frac{1}{b-a}\right)(D+P-\alpha R)+\left(\frac{a}{b-a}\right)\right]\right\}(P-R)\\
&=\left[-\left(\frac{1}{b-a}\right)\boldsymbol{P}^2+\left(\frac{b}{b-a}\right)\boldsymbol{P}\right]\\
&\quad+\left[\frac{a}{(1-a)(b-a)}\boldsymbol{P}^2+\frac{a(b-D)+a(\alpha+1)\boldsymbol{P}}{(1-a)(b-a)}\boldsymbol{P}\right.
\end{aligned}
$$

① 为了突出定价 P 和激励成本 R 这两个变量，考虑到实际印刷时，使用括号容易让人误读公式含义，而使用彩色又增加印刷难度，所以，这个公式中后面部分用黑体突出标注了 P 和 R。特别说明一下，这里用黑体本身并不表示向量或矩阵等含义，仅为突出强调。

$$+\frac{\alpha \boldsymbol{R}^2-(b-D)\boldsymbol{R}}{\left(\frac{1}{a}-1\right)(b-a)}\Bigg]$$

结果看起来很复杂，我们还用前面章节的方法，只看参数个数。如果只关注其中的P^2和 P，则上述公式最终能转化为：

$$\Pi(P,R)=\beta_1 P^2+\beta_2 P+\beta_3$$

如果只关注其中的R^2和 R，类似地，上述公式也能转化为：

$$\Pi(P,R)=\beta_4 R^2+\beta_5 R+\beta_6$$

不论原始公式多么复杂，当只看P^2和 P，或者只看R^2和 R 时，我们都可以用 β_i来简化代表P^2、P 或R^2、R 前面的那些参数。

我们可以用最简单的 $y=x^2$来判断曲线的形状，当 $x=[0，1，2，3]$时，$y=[0，1，4，9]$，即曲线总体呈 U 形。只不过 $x=[0，1，2，3]$时，y 的取值是 U 形曲线的右半侧。如果加上 x，即 $y=x^2+x$，虽然曲线的形状和位置的细节会发生变化，但曲线呈 U 形这一点没变。

当在x^2前面增加参数 β，即 $y=\beta x^2$时，β 取值的正负会影响 y 对应的曲线是呈 U 形还是倒 U 形，但总体特征并不会改变。也就是说，参数只会改变曲线是“山峰”还是“山谷”，或者其倾斜情况，但总体特征是不变的。

只要是“山”的情况，总会有极值点（即利润 $\Pi(P)$ 或 $\Pi(R)$ 的最大值点）。我们可以借用图 3－5 中的立体图，如果纵坐标的高度代表利润 Π 的高低，优化任务就是找另外两条坐标轴（分别对应 P 和R）上能够使得 $\Pi(P，R)$ 最大的 P 和R 的位置（数值）。

更复杂的情况下，还可以认为推荐转化率 α 是随价格 P 变化的，即 $\alpha=1-F(P)$。或者认为 α 本身就是一个与顾客个体有关的变量，服从某种概率分布（例如前面提到的那几种）。这种情况下，计算最优 $\Pi(P，R)$ 的公式形式会有所变化，但也只是变得更为复杂而已，实质结论并没有方向性的变化。本节的目标不是计算具体的公式，而是希望能说清楚公式背后的道理或者逻辑思路，这里就不对具体的数学表达详细展开了。

第六章　非合约类交易的顾客流失预测

第三章讨论重复性购买行为的时候谈到过顾客流失的问题。如果顾客到了预计该来购物的时候还没有来，则流失的概率就提高了。第四章讨论顾客生命周期价值的时候也提到过顾客流失的问题。合约类交易的顾客不再续约就意味着顾客流失，非合约类交易的顾客的流失则需要通过计算来判断。顾客流失得越晚，其生命周期价值越高。

本章把顾客流失问题集中在一起讨论，因为合约类交易的顾客流失比较清楚，所以本章主要针对非合约类交易预测顾客流失。

预测顾客流失的方法可以分成两大类，一类是计量模型的方法，另一类是机器学习的方法。这不是什么严格和规范的分类，只是为了便于读者理解所做的简单分类。机器学习本身也有很多方法可用来计算前几章所说的计量模型的参数（你可以简单地把机器学习理解为通过多次尝试找到最优参数的方法）。

第一节　预测顾客流失常用的数据

企业通常会使用数据库（例如 MySQL）存储数据，其中会包含很多表格（即 table）。一类表格是记录发生的事件（例如日志数据），另一类表格是描述顾客或产品特点。本节简单给出一些数据的形式，以便于读者后续阅读的时候能把模型和它要用的数据对应起来。

一、记录事件的表

企业数据系统中保存的与交易有关的原始数据类似于表 3-1。表 3-1 是某个特定顾客的数据，企业的数据库中通常按照事件发生的时间顺序保存多个顾客的数据。表 3-1 可以理解成从企业的数据库中，按照顾客 ID 提取的某个特定 ID 的顾客的交易记录。

二、汇总单一用户数据后的表

表 3-1 这样的数据加上其他表格中保存的数据，整合在一起可以得到表 4-1 或表 5-1 那样的表格。两个表都在原始数据的表头基础上增加了新的行。表 4-1 根据研究的目的，对每列数据标明了变量类型。表 5-1 则标明了数据本身的变化程度。虽然不同行业的企业所存储顾客数据的具体内容有所不同，但实质上都包含顾客的静态信息和动态信息两大类。前者可以理解为顾客的背景信息，这些信息在一定时间内保持不变。后者则是顾客的行为信息，会随着顾客的各种行为而发生变化。表 5-1 中的标签信息则是企业根据顾客的静态信息或动态信息给顾客贴的标签，它本身不属于原始信息。

表 5-1 的数据可以按照列分成能加减的定量数据（即定比、定距数据）和代表类别的定类数据（例如，性别用 1 代表女性、用 2 代表男性）。定量数据可以计算平均值等，而定类数据只能统计各类别所占的百分比等。

三、把用户和状态对应起来的表

我们可以在表 5-1 最右侧增加新的一列，标明某个顾客在某个时点是否已经流失。这一列属于定类数据，如果流失可用“流失”来表示，如果未流失可用“活跃”来表示。

为了便于机器学习部分使用，我们在表 5-1 的基础上另外增加几行。增加的这些行只显示了若干列（性别、年龄、高频购物）的内容，还把对应的数字转换成了类别。另外，其中某类数据用了加粗的字体，并在最后一行显示了计数。新的表格如表 6-1 所示：

表 6-1 企业存储的顾客特征和流失状态

			静态信息					动态信息			标签信息				状态
序号	顾客ID	姓名	性别	年龄	住址	教育	收入	到店次数	高频购物	活跃时段	理财达人	旅游达人	育儿达人	美妆达人	用户状态
1	1234	zqs	**女**	**青年**	北京	高中	中	0	**否**	早	1	0	1	1	**活跃**
2	1369	wst	**女**	**青年**	北京	大学	高	1	**否**	中	0	1	1	0	**活跃**
3	2345	lzh	男	**青年**	上海	大学	中	0	**否**	晚	1	0	0	1	流失
4			男	**青年**					是						流失
5			**女**	**青年**					**否**						**活跃**
6			**女**	中年					**否**						**活跃**
7			**女**	中年					**否**						**活跃**
8			男	中年					是						流失
9			**女**	中年					是						流失
10			**女**	中年					是						流失
11			**女**	老年					是						流失
12			**女**	老年					是						流失
13			男	老年					**否**						流失
14			男	老年					**否**						流失
15			**女**	老年					**否**						**活跃**
			女10	青年5					否 9						活跃6

基于不同的需求（数据所用的模型和算法），表 6-1 中的数据可以有多种转换方式，本章第四节主要是采用机器学习中的决策树方法，其基本思路是分类，所以表 6-1 把很多数值型数据转换成了类别。各列可以进行的数据变换包括：

性别列：可能的取值只有两种，即男、女。

年龄列：可以按照每 10 岁一组分类。如果最大年龄是 100 岁，则可以分成 10 类。如果想简化分成 2 类，也可以 50 岁为分界线。假如企业基于经验认为 25 岁是顾客性格的分水岭，25 岁以下的顾客不稳定而容易流失，也可以直接按照小于等于 25 岁和大于 25 岁分成两类。或者，也可按照年轻人（<30 岁）、中年人（30～60 岁之间）、老年人（>60 岁）分成三类。

你可能注意到了，年龄本来可能取值 0～100，是连续的数字，我们在这里却把它分成了类别。

住址列：这里是按照省级来分类的，可以分成几十个。如果按照区县，则可以是几百个。如果按照地区平均房价分类（需要补充另外的数据），可以分成几类。如果按照当地平均 GDP 来分（表中没有这个数据，需要另外引入数据折算），可以分成高、中、低三类。

教育列：按照前三列的思路，我们知道可以分成几类，比如高中及以下、本科、研究生等。

收入列：至少可以分成高、中、低三类。如果这一列本身有具体数字，则可以分得更细或者直接使用具体的数字。

到店次数列：这是具体数字，可以分段，例如分成十段，或者分成高、中、低三段。

高频购物列：原始数据是购物次数，它和到店次数列一样，也是具体数字，可以分十段或者几段。也可以直接设置一个阈值，分成是、否高频购物两类。

活跃时段列：原始数据是行为次数。按照早、中、晚哪个时间段行为最频繁，变换成了三段数据。也可以分得更细一些，分成五类。

标签信息列：标签是“用户画像”中常用的名词。因为标签信息列下属的每一列都对应着单一标签，所以取值只有 0 和 1，自然每一列都可以分成两类。原始数据也可能只用一列来代表所有的标签，例如：用数字 1 代表理财，2 代表旅游，3 代表育儿，4 代表美妆，等等。这时是每个数字对应一类，分成多少类取决于有多少个标签。如果企业基于经验知道育儿板块和美妆板块的用户流失情况是一样的，也可以直接把育儿和美妆归为一大类。

用户状态列：这一列代表用户的当前状态，是我们要预测的目标列。这一列在机器学习中，是需要给用户做的标记。我们会知道有些顾客的当前状态，然后据此建立分析模型或者机器学习的算法，用于预测另外一些顾客的状态，即贴标签。用户状态列数据可以分成两类，即“流失”和“活跃”。当然也可以分成三类（流失、半活跃、活跃），或者直接设置等级，按照等级划分成五类或者十类，道理是一样的。

有了对企业存储数据的认识，我们就可以开始预测顾客流失了。本章内容安排如下：

第二节预测与时间有关的顾客流失概率，主要考虑不同的时间间隔（当前日期距离最近一次购物日期）的顾客流失概率。

第三节直接根据各方面因素预测顾客的流失概率。相关的因素包括内部因素（顾客特征、顾客行为）和外部因素（企业和竞争者的营销行为）。通常，要预测什么时期的顾客流失概率就采用什么时期的影响因素。

后续三节则主要从思想、方法和评价的角度介绍如何使用机器学习中的决策树方法预测顾客流失。

第二节　从时间间隔角度预测顾客流失

第三章介绍了预测单一顾客购物间隔天数的方法。各种方法的实质都是基于企业存储的数据拟合出合适的概率分布。如果企业有预测对象（现有顾客）的历史行为数据，就用顾客过去的行为预测其未来行为。如果企业没有预测对象（新顾客）的历史行为数据，就用顾客群的过去行为预测单一顾客的未来行为。不论是哪种情况，数据的颗粒度都是个体层面而不是群体层面的。

本节以此为基础，关注不同时间间隔的顾客流失问题。考虑顾客流失后，预测两次购物时间间隔的模型，一类称为加速失败（accelerated failure time，AFT）模型，另一类称为比例风险（proportional hazard，PH）模型①。除了这两类之外，还有直接从影响因素的角度预测顾客流失概率的模型。本节讨论加速失败模型以及与这一类有关的其他模型。因为比例风险模型也考虑各种影响，所以比例风险模型和直接预测流失概率的模型一起放在第三节中讨论。

一、直接预测顾客下一次购物的时间

第三章介绍了顾客间隔不同时间购物的概率变化。我们可以按照同样

---

① 你可以不用管这些具体的名字，这里写出来只是预备万一你将来想了解更多细节，知道名称会便于搜索。本章第二、第三节引用的内容均可参见：GUPTA S，LEHMANN D R. Models of customer value//WIERENGA B. Handbook of marketing decision models. International Series in Operations Research & Management Science，2008，121：211 - 251. https：//doi. org/10. 1007/978 - 0 - 387 - 78213 - 3 _ 8.

的方法，直接预测顾客下一次购物的时间间隔。当知道顾客最近一次购物（即上一次购物）是什么日期后，加上直接预测出的时间间隔，就是预测出的顾客下一次购物的时间。如果顾客没有来，就意味着顾客很可能流失，需要采取营销动作挽回了。

直接针对顾客两次购物的时间间隔进行预测，可以采用最简单的AFT模型，模型的表达式如下所示：

$$\ln(t_j)=\beta_j X_j+\sigma\mu_j \tag{6-1}$$

式中，t_j 表示顾客 j 的购物时间间隔；X_j 表示跟顾客 j 有关的那些内部（如个人情况）和外部情况（如企业营销行为或竞争者的行为），对应的是表 4-1 中的 X_1、X_2 列或者表 5-1 中的动态信息列。顾客特征多数情况下则用作控制变量。

式（6-1）右侧的形式很像“$y=a+bx$”这样的线性表达，$\beta_j X_j$ 相当于“$y=a+bx$”中的 bx，而 $\sigma\mu_j$ 相当于 a。与式（4-8）即 $P_r(\text{流失})=\frac{1}{1+e^{\beta X}}$ 类似，大写的 X 既可以理解成单一的 x，也可以理解成包含 x_1，x_2，…。已经读了本书大半部分，读者估计也能猜到式（6-1）之所以不用简单的常数 a 而用 $\sigma\mu_j$ 来代替 a，应该是允许 $\sigma\mu_j$ 的结果是可变的。其中，估计 σ 是个固定的数字，而 μ_j 可以发生变化。实际上，如果 $\sigma=1$ 而 μ 是极值分布的话，式（6-1）中的 t 就变成了类似指数分布那样的表达式，即 $t_j=e^{\beta_j X_j+\cdots}$。本书没有提到过极值分布，不过读者应该能猜到反正它只是某种概率分布而已。听名称应该是极大值（或者极小值）的概率分布。概率分布的种类有很多，本书也没必要挨个都讲一遍。σ 和 μ 的不同分布，最终会导致 t 有多种变化，既可以是指数分布，也可以是威布尔（Weibull）分布或 Gamma 分布。

式（6-1）中的下标 j 和式（4-3）（回想一下CLV_j）与式（4-4）中的 j 含义是一样的，都代表某个具体的顾客。把 j 视作顾客 ID 也许更形象一些，或者更容易理解一点，可以认为是 zqs 或者 lzh。

式（6-1）左侧的 $\ln(t_j)$ 与我们常见的“$y=a+bx$”中的 y 看起来不太一样，这不是一个常见的表达方式。这只是为了让公式看起来简单，没有做最终的数学变换而已。“ln”和“log”类似，区别是 ln 是以 e 为底求对数。如果进行变换，式（6－1）相当于$t_j = e^{\beta_j X_j + \sigma\mu_j}$。只是公式的样子看起来有些复杂和吓人而已。

有了式（6－1），我们就能用顾客过去的行为数据拟合出公式中的参数，然后根据未来新的X_j预测顾客未来新的t_j。如果到了时间顾客没有来购物，企业则可以判定顾客流失并应该采用营销手段挽回顾客。

二、增加考虑购物时间间隔随时间变化

顾客每期的购物时间间隔未必是一样的。例如，刚开始和企业交往的时候（浏览、交易等各类互动），购物时间间隔较长；随着顾客对企业越来越熟悉，购物时间间隔可能会缩短。随着交往的频繁，企业服务出错的次数有可能增加，导致顾客的购物时间间隔可能又延长。第三章是用概率分布来反映这种购物时间间隔的差异。本节预测顾客的下次购买时间时也考虑了这种购物时间间隔的变动。

式（6－1）假设不同顾客的购物时间间隔不同，所以用下标j代表不同的顾客。现在情形更复杂，假设同一个顾客每期的购物时间间隔可能不同，就再增加一个代表每一期的下标k。这样，顾客的购物时间间隔就从仅仅代表不同顾客的t_j变成了同时考虑不同时期的t_{jk}了。新的下标k对应第k期购物。

学者们把这些复杂性考虑进去以后，在式（6－1）的基础上引入了类似于第三章所用的概率分布（具体的概率分布可能有所不同），用于表示不同顾客在不同期（即第几次购物）的购物时间间隔，采用的表达式如下所示：

$$f(t_{jk}) = \frac{\gamma}{\Gamma(\alpha)\,\lambda_j^{\alpha\gamma}}\, t_{jk}^{\alpha\gamma-1}\, e^{-(t_{jk}/\lambda_j)^{\gamma}} \qquad (6-2)$$

如果在本书前几章直接展示式（6－2），估计你会放弃阅读后续内容。读到这一章时，你已经有了足够的基础知识和思想准备，能够看出式（6－2）等号右侧一共有α、λ、γ三个参数。不论式（6－2）看起来多么复杂，实际需要估计的参数就只有三个，并没有比线性模型的参数β_i多太多。$\Gamma(\cdot)$只是计算方法，你甚至可以把它简单地当作求平方或者求立方之类的运算，$\Gamma(\alpha)$的含义就是求α的某个运算。

这样看来，式（6－2）等号右侧就是 α、λ、γ 三个参数的某种组合，相当于之前讲过的 $f(\alpha, \lambda, \gamma)$。等号左侧看起来有点复杂，实际的含义是 t_{jk} 的某种计算方法。式（6－1）是用对数 $\ln(t_j)$ 来处理 t_j。一般用对数有助于把相差很多倍的数据之间的关系转换成线性关系。因为式（6－2）右侧的计算结果随着所用数据不同会有很大的差异，所以式（6－2）等号左侧直接就用求 t_j 的某个函数（可以仍旧是求对数，也可以是其他的运算关系，例如求平方根）来表示了。我们在实际计算的时候，可以根据数据情况选择合适的处理方法。

三、预测顾客可变购物时间间隔下的活跃概率

基于可变的购物时间间隔，预测得到单一顾客的下次购物时间后，还可以以此为基础，预测未来指定时点顾客还活跃的概率，例如未来第 12 个月时顾客还活跃的概率。

这种预测的实质是计算一个条件概率，即在参数为 α、β、γ、s 时，计算不同的购物频率 X 和时间间隔下的顾客活跃概率，表达式即

$$p(\text{活跃} \mid \gamma,\alpha,\beta,s,t,T,X=x) = f(\gamma,\alpha,\beta,s,x,T) \qquad (6-3)$$

式（6－3）的含义表述起来有点复杂，但只要看看它要解决的问题和假设条件，就会发现都是我们熟悉的。

式（6－3）有如下假设：

（1）顾客的交易次数服从泊松分布。

（2）不同顾客交易次数（即常说的交易率 λ，第三章提到过）的差别服从 Gamma 分布。

（3）顾客的生命周期长度服从指数分布。

（4）不同顾客的流失率服从 Gamma 分布。

（5）交易率和流失率相互独立。

这实际上就是第三章提到的 NBD 模型的最初版本，也就是 Pareto/NBD 模型。其详细的数学表达式就不在这里列出来了。最终的数学表达式看起来比较复杂，但实质仍旧是几个参数的计算。其中，反映顾客交易率差别的 Gamma 分布中的参数是 γ、α，反映顾客流失率的 Gamma 分布中的参数是 β、s。我们在第三章中已经知道，每个 Gamma 分布都可以用

两个参数表示。看来 γ、α、β、s 也就是表示了两个 Gamma 分布而已。另外，用 x 表示顾客过去的交易次数或者交易频率，t 是最后一次交易到要预测时间的天数，T 是最后一次交易至今的天数。

这个模型已经考虑到顾客的流失率是指数形式。跟本节其他模型不同之处在于，这个模型没有明确引入表示顾客特征和企业营销行为等的变量，而把这些变量作为影响各参数的隐含变量。这些隐含变量已经通过参数表示出来了。模型只关注顾客是否还活跃，而不在乎哪些变量影响活跃程度。

四、考虑到顾客活跃和流失状态交替计算的顾客生命周期价值

式（6－1）到式（6－3）对应的所有模型都有个隐含的假设，即顾客流失后不会再回归。它们认为顾客和企业交往的过程是“潜在顾客→新顾客→现有顾客→流失顾客（非顾客)”。实践中，合约类交易的顾客到期后可能不立即续约，但过了若干期也有可能再次续约；而非合约类交易的顾客流失只是企业做出的判断。被判定为流失的顾客随时都有可能回归。不论是哪种交易类型，上述流失后回归的顾客常常被当成新顾客来处理。这有可能带来一定的预测误差。

学者们从状态转换的角度，提出了另外一种概率模型，即马尔可夫（Markov）模型。这种模型假设顾客存在购买和不购买两种状态。我们仍旧要泛化理解这里所说的“购买”，它可以是浏览网站、逛实体店或购买产品等各种行为。顾客若干期的状态可能是“购买、不购买、购买……”也可能是“购买、购买、不购买……”也就是说，每个当前状态（不论是购买还是不购买）会接着若干次的购买和不购买状态之间的切换。顾客的连续行为是多次购买和不购买状态切换的组合。如果采用更为复杂的解释方式，就需要画图从 Markov 模型的基本原理去开始解释，会过于复杂。你只要理解这个模型是按照状态切换来建立模型就行了。

Markov 模型的表达式如下所示：

$$V' = \sum_{t=0}^{T} \left(\frac{P}{1+d}\right)^t R \tag{6-4}$$

式（6－4）看起来也挺复杂的，有点像式（4－3）中的 $\sum_{t=0}^{T} \frac{\text{margin}_{tj} \times r_{tj}}{(1+d)^t}$，

应该都包含了折现的思想。

与之前模型的不同之处在于，Markov 模型是按照状态转换来考虑顾客的变化，计算了各种状态导致的顾客购买和不购买的概率。因为有多种状态组合，所以采用了矩阵的方式来表示。V'代表各种状态组合的顾客生命周期价值的矩阵，P 是各种状态的转换概率矩阵，而 R 则是毛利也即 margin 的矩阵。d 还是之前所说的折现率。

简单来说，Markov 模型就是根据单期每种状态对应的毛利及其出现的概率计算当期的顾客价值。然后考虑到各期之间的转换情况，计算出顾客整个生命周期的价值。思想本身不算复杂，复杂的仅仅是有很多状态组合（所以用矩阵表示）和最终如何计算（矩阵的计算方式）。

以式（6－4）为基础，更复杂的模型会考虑转换概率 P 在每一期都不一样，而毛利 R 在每一期对应的购买量不一样等。虽然模型会变得更复杂，但基础原理并没有本质变化。

第三节　根据内外部影响因素预测顾客流失

第二节是从购物时间间隔的角度预测顾客流失。当顾客超过预测的时间间隔还没来购物时，企业可以判定为其流失。

除此之外，我们也可以根据当期的顾客特征和企业营销情况（即表 4－1 和表 5－1 中的数据），每期都预测顾客有多大的概率会流失。我们在预测的时候有两种思路：一种是基于各种内外部因素，直接预测顾客的流失概率；另一种是认为顾客存在一个基础的流失概率，各种内外部因素是在此基础概率上叠加影响。本节分别讨论这两种思路。

一、考虑各种因素对顾客流失概率的影响

第四章提到过直接预测顾客流失的模型，其核心思想是认为各种内外部因素 X 会影响顾客的流失概率。我们当时给出了概念性表达式，即式（4－8）：

$$P_r(\text{流失}) = \frac{1}{1+\mathrm{e}^{\beta X}}$$

更复杂、更全面的形式如下所示：

$$P_r(y_i=1)=\frac{1}{1+e^{\sum_k \beta_k X_k+\varepsilon}} \qquad (6-5)$$

式中，P_r代表概率；$y_i=1$ 代表顾客流失；$y_i=0$ 代表顾客未流失。公式的含义是顾客 i 的流失概率与该顾客 k 个维度的情况有关。你可以把这 k 个维度理解成表 4－1 和表 5－1 中的 k 列。

我们已经知道 $y=\frac{1}{1+e^{-x}}$之类的函数可以把处于区间［$-\infty$，0，∞］的 x 对应到取值范围为 0～1 的 y。其核心是能够用一批已知其流失与否顾客的数据，拟合出 β_k（$k\in[1,2,\cdots]$）。也就是说，我们已知式（6－5）等号左侧（即某个顾客在某个时点流失与否），也知道等号右侧该顾客的 x_k（例如顾客在表 5－1 中各列的数值），需要找出等号右侧最适合这些数据的 β_k（就是常说的“拟合”）。当有足够多的行和列的顾客数据时，总能想办法算出相应的 β_k来。

为了便于理解，我们以表 6－1 的数据为例。要预测顾客在某个新的时间（可能是日、周、月）的状态是流失还是活跃，需要顾客在该时间对应的数据。这时，某个顾客的性别列到收入列属于静态信息，通常在较长时间内保持不变。而到店次数列到活跃时段列要根据新的时间重新计算一遍，其实就是用新的时间如表 3－1 那样的数据。标签信息列数据在新的时间有可能变化，也可能和原来一样。我们的任务目标是计算顾客在新的时间的流失概率，即 $Pr(y_i=1)$。当有了这个概率后，再设定一个阈值 z，当 $P_r(y_i=1)>z$ 时，就可以判定顾客流失了。

表 6－1 的状态列显示顾客当期流失与否。也就是说，基于表 6－1 现有的数据，我们既知道顾客流失与否（对比 $P_r(y_i=1)$ 和 z），也知道各种影响流失的因素（从性别列到美妆达人列，一共 12 列），只是不知道式（6－5）中的参数 β_k。我们现在可以用某种统计方法（用软件计算），找到一套最合适的 β_k。通常判断合适的标准是误差最小。

有了对所有顾客都一样的 β_k（顾客之间如果没有明显差异，则无须分成不同的顾客群），同时我们也有某个顾客重新计算以后对应的 X_k，即新的时间对应的表 6－1 中的某一行（对应某个顾客）从性别列到美妆达人列，一共 12 列的数据。有了式（6－1）右侧的所有数据，自然能够计算出其左侧的概率值，对应该顾客的流失概率。我们只要判断这个概率是否大于阈值，就能判断新的时间条件下顾客的状态，即新时间条件下表 6-1 中的状态列。

考虑各种因素对顾客流失的影响，还会有其他的表达式。其具体的形式也许跟式（6-5）不完全一样，但核心逻辑都差不多，即首先根据过去的数据，拟合出模型中的各种参数，然后根据要预测阶段的数据计算因变量（常常是概率）的值。实质仍旧是根据过去预测未来和根据群体预测个体。这与第二章提到的预测的基本思想相比并没有实质的变化。

二、考虑各种因素在已知流失概率上叠加影响

式（6-5）的核心思想是各种因素会直接影响顾客的流失概率。有时候，我们能从现有数据中知道顾客群的流失概率（例如 15%）或者知道单一顾客过去阶段的流失概率。这时，可以用另一种思路来预测顾客的流失概率。

第二节提到的比例风险（PH）模型认为流失概率是在基础流失概率的基础上受到顾客个体特征和企业营销行为的影响。模型的核心表达类似于“动态流失概率＝基础流失概率＋受到顾客特征和企业营销影响的调节值”，表达式如下所示：

$$\lambda(t;X)=\lambda_0(t)^{\beta X} \tag{6-6}$$

式（6-6）表示，顾客存在一个基础的流失概率 λ_0，最终的流失概率 λ 是在此基础上叠加各种内部（顾客）和外部（企业营销行为）影响因素 X 得到的。我们用大写 X 代表它包含很多小写 x，每个 x 即为某个具体的影响因素（例如表 6-1 中的性别列到美妆达人列）。式（6-6）认为 X 通过 λ_0 的指数位置影响 λ。

从外观上看，式（6-6）的核心内容可以视作 λ 是在 λ_0 基础上的某种变化，这既可以表示成 $\lambda=\lambda_0+\beta X$ 这样的线性关系，也可以表示成 $\lambda=\lambda_0{}^{\beta X}$ 这样的非线性关系。两种表达式的区别只是 λ 和 λ_0 的关系是线性还是非线性的。

式（6-6）之所以使用非线性关系，一个原因是 λ 的含义是概率，取值应该是在 0～1 之间。所以，如果直接用 $\lambda=\lambda_0+\beta X$ 这样的线性关系，

则 βX 取值不应该超过 1。βX 在模型中的实质性作用就是通过增减来调节 λ_0，从而最后得到符合要求的 λ。仅仅从数值本身来看，如果 βX 存在超过 1 的可能性，则需要通过某种数学处理使得它至少位于 0～1 之间，这样才能使用线性关系。之前提到的 $y=\frac{1}{1+e^{-x}}$ 就是类似的把 βX 的值转换到 0～1 之间的一个方法。

式（6－6）中需要拟合得到的参数只有两个，即 λ_0 和 β。X 仍旧是各种顾客特征和企业营销行为。式（6－6）认为每期即第 t 期都有一个基础流失概率 λ_0，在此基础上，顾客特征和企业营销行为以 β 为参数影响该期的流失概率 λ。

第四节　采用机器学习的方法预测顾客流失

迄今为止，我们所用的预测顾客流失的方法都依赖于某种特定的数学模型。这些模型根据营销理论，采用有限的变量，能够较好地预测顾客流失问题。在数据不够丰富的情境下，例如传统实体店，这些模型能够较好地实现预测目标。

电商平台的出现，尤其是综合性电商平台的出现，使得企业积累了多方面的顾客信息。除了购物行为本身之外，顾客的网购支付乃至水电气之类生活支付等都有可能通过这些平台进行。企业现在有了顾客更多维度的信息。在新的数据环境下，整理出的数据表可能有几百列。这意味着有可能在几百个维度上，企业都有顾客行为的记录。

一、机器学习简述

数据丰富时，类似表 6－1 的数据表可以多达几百列。想要预测顾客是否流失，既可以用式（6－5）即 $P_r(y_i=1)=\frac{1}{1+e^{\sum_k \beta_k x_k+\varepsilon}}$ 这样的模型（对应的 x_k 有几百个），也可以直接用“$y=a+b_1x_1+b_2x_2+b_3x_3+\cdots+b_nx_n$”这样的简单关系。$y$ 代表顾客是否流失，有监督机器学习中，我们知道一些顾客流失与否的状态。有了这些 y 值，就可以用类似于线性关系的简单公式，拟合出对应的 a 和 b_1，…，b_n。所谓拟合，就是找到最合适的 a 和

b_1，…，b_n。有的机器学习方法就是多次尝试a和b_1，…，b_n的不同取值，看看最终哪个组合最好。

你可以把“尝试”简单理解为试试取 1，2，3，4，…。学者们开发了多种方法，确保既能找到最优值又能少尝试。例如某种方法可能不是逐个尝试 1，2，3，4，…，而是按照某个间隔尝试 2，4，6，8，…。实际的方法当然没有本书说的这么简单，但本质确实是既能找到最优值，又能使得尝试的效率最高。

机器学习是现在被提及较多的一类方法。这个领域已经发展了几十年，但最初的很多基本原理直到最近几年因为计算能力的提升才有了用武之地。一次次地不断尝试当然需要很多次的计算。

机器学习本身是一个不断变化的庞杂复合体，为了解决其中的每个问题，往往又延伸出了很多细微的算法。其内容往往需要一本书或者至少几章的篇幅才能讲清楚。与此相关的另外一个概念叫“深度学习”（deep learning），本书则完全不打算涉及。

机器学习的具体方法很多，最近几年随着热度提高，不断有新的改进方法出现。本书因为不是专门讲机器学习的书籍，所以只解释其中一种方法的基本思想。对于更多方法及其思想，读者可以参考相应的机器学习方面的书籍。

本书对计量模型的解释都比较清楚。在机器学习这部分，本书重点说清楚机器学习方法适用于解决什么问题，其核心思想是什么。本书不涉及具体的算法层面，一是因为很难用几段文字解释清楚；二是因为用于解决实际问题时，操作上都是调用特定的程序包计算，并不需要我们理解代码和算法的具体细节。

你如果读了本书以后发现自己对机器学习很感兴趣，可以借由本书提供的对机器学习的朴素的理解，再去深入了解与机器学习有关的内容。本章谈及机器学习的目的只是提供一种营销领域对机器学习方法的应用。

二、简化的决策树例子

本节之前用到的模式是给所有变量x_i找到权重β_i，然后通过线性模型（类似于$y=\sum\beta_i x_i+\varepsilon$）或者非线性模型（类似于$y=a^{\sum\beta_i x_i+\varepsilon}$或者$y=$

$\frac{1}{1+e^{\sum_k \beta_k x_k+\varepsilon}}$）得到一个 y 值。如果给 y 设定一个或者一些阈值，可以以阈值为分界线划分出两个或多个类型。

决策树是针对每个变量的取值划分范围，相当于对每个变量上设定阈值，先根据某个变量对所有用户进行划分，然后逐次按照其他变量进行划分，直到得出满意的分类为止。

机器学习包含多种方法。不同的方法适用于解决不同的问题，同时也有针对同一问题的多种不同的解决方法。本章后续部分重点讨论机器学习中的决策树方法如何用于预测顾客流失。

正式讨论决策树之前，我们先用个简单的例子说说什么是决策树。

1. 店铺掌握的顾客信息和期望实现的预测目标

假设一个店铺掌握的顾客信息只有顾客的性别（静态信息）和上个月的购物次数（动态信息）。该店铺知道本月哪些顾客来购物了、哪些顾客没来。它希望利用这些信息建立起一个分类方法，即根据顾客的静态信息（性别）和动态信息（上月购物次数），能够把顾客划分成两类（即本月来购物的和本月没来购物的）；然后利用这个分类方法，每个月都根据顾客静态信息和动态信息，预测顾客本月会属于哪一类（来购物或者不来购物）。有了分类以后，店铺就可以针对不来购物的顾客开展营销活动。

我们对上面这个例子进行抽象化。企业已知的信息是顾客静态信息和动态信息，企业也知道顾客的结果性行为（本月是否来购物），那么企业需要建立起一套分类方法，实现预测目标（其实是分类）。目标是根据顾客静态信息和动态信息，在下一期中将顾客进行分类（来购物或不来购物）。其中隐含的假设是顾客每一期（月）的行为模式保持一致，在上一期建立的分类方法可以用于下一期对顾客进行分类。

2. 数据的标准化

我们现在回到这个例子的细节中。你对之前提到的标准化或者归一化还有印象吧，或者说不论顾客数量有多少，我们总能找到类似于“一打”（12 个）这样的单位，使得我们关注的数量转化为 1 或者 100 之类的便于理解的数量。如果你忘了，也没关系。我们就假设一个店铺有 100 个顾客，店铺有他们的静态信息（性别）、动态信息（上月购物次数）、结果性行为（本月是否来购物）。店铺想找到一套能够根据静态和动态信息对结果性行为进行划分的分类方法。

3. 使用单一维度对顾客进行分类

我们就以这 100 位顾客为例，假设数据统计的结果是本月有 30 位来购物了，另外 70 位没来。我们又另外统计了这 100 位顾客的性别分布，发现其中有 30 位男性、70 位女性。

如果只依据性别来划分，可以把所有顾客分成两类，如图 6-1 所示。其中男性顾客合计 30 人，但这 30 人中既包含来购物的也包含未来购物的。仅凭性别我们无法把来购物和未来购物的顾客区分开来。图 6-1 右侧女性顾客也存在类似的情况，仅凭性别区分不开来购物与未来购物的顾客。

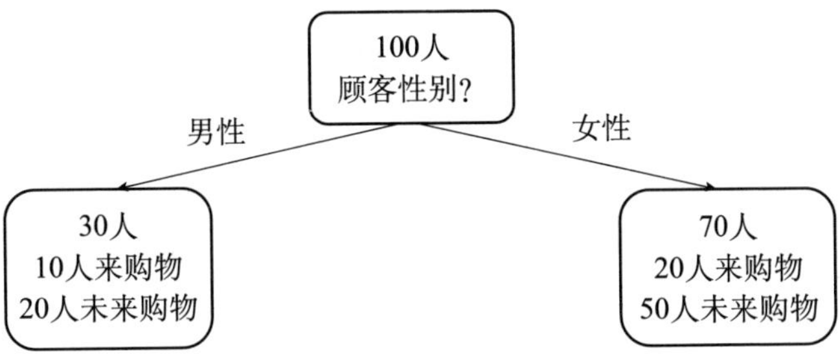

图 6-1　按照静态信息（性别）对顾客进行分类

我们也可以单独依据购物频率来做新的分类尝试，情况如图 6-2 所示。也存在同样的情况，仅凭购物频率一个维度无法区分开来购物和未来购物的顾客。

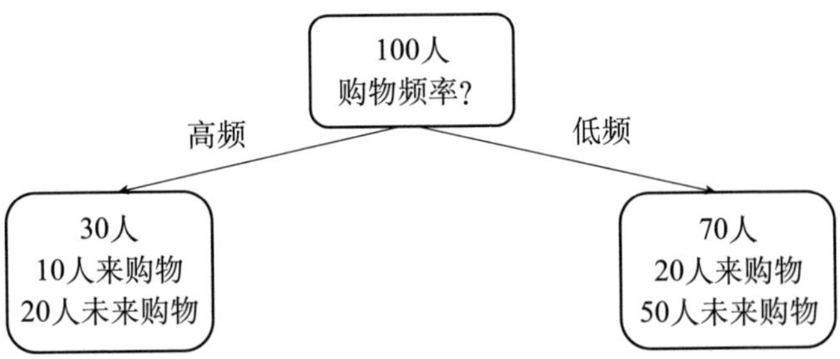

图 6-2　按照动态信息（购物频率）对顾客进行分类

你已经看到，单独使用顾客性别或者购物频率都难以把来购物和未来购物的顾客区分开。

4. 综合使用多个维度对顾客进行分类

现在我们尝试综合使用静态信息和动态信息对顾客进行分类。分类结果如图 6－3 所示：

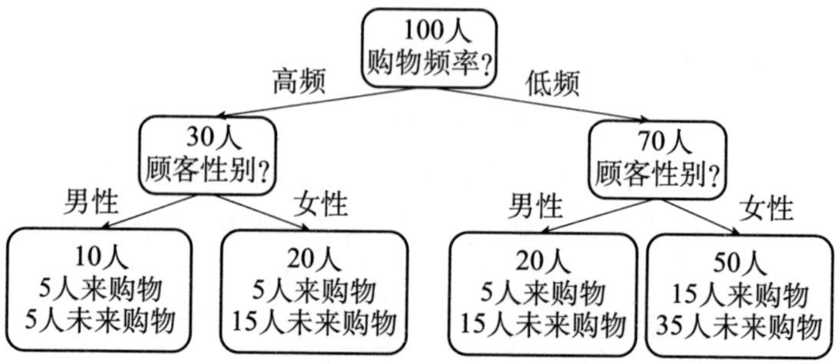

图 6－3　先按购物频率再按性别对顾客进行分类

从图 6－3 可以看出，采用两个维度（即购物频率和顾客性别），仍旧难以明确区分来购物和未来购物的顾客。但似乎越到后面，每一群体的顾客数量越少。也许再找到一个维度，我们就能区分开了。按照这个思路，我们尝试找到一个新的维度，以便能够画出图 6－4 那样的图来。

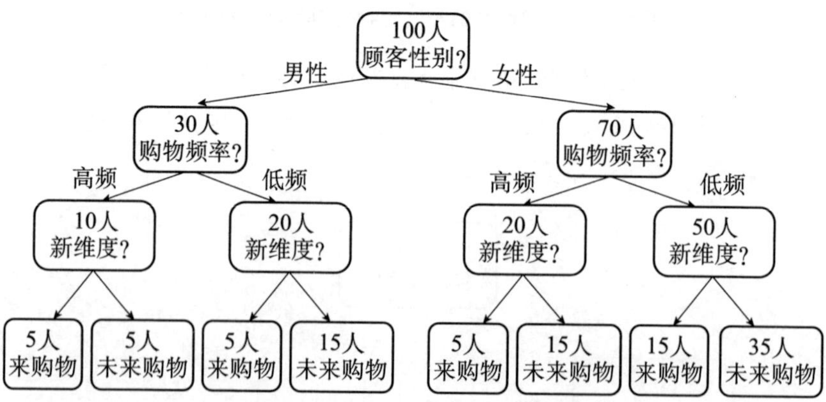

图 6－4　引入更多维度来划分顾客类型

我们尝试增加采用数据中包含的其他维度来给顾客分类。例如，依据表 6－1 的内容，猜测顾客是否退休或者购物的时段不同也许有助于我们区分顾客类别，可根据年龄列或者活跃时段列来试一试。结果如图 6－5 所示。

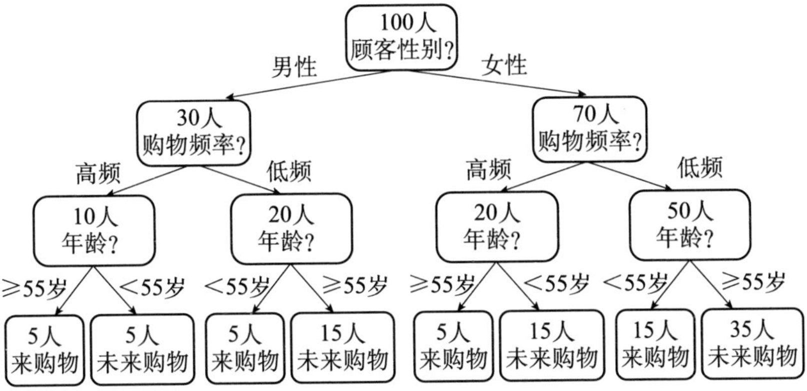

图 6－5　使用三个维度来划分顾客类型

看起来我们总算是找到了一个分类方法，能够用几个维度（对应表 6－1 中的若干列），最终把顾客划分成“来购物”和“未来购物”两类。有了这个方法，我们就可以用这批顾客目前的数据来预测下个月谁不会来购物，然后施加营销影响。

5. 决策树的分类过程

从图 6－1 到图 6－5 能够看出，整个过程就像是询问每个顾客（对应表 6－1 中每行数据）的情况。前面已经提到，表 6－1 是根据顾客的原始行为统计出来的，它并不是记录原始行为数据的日志文件。原始的日志文件应该类似于表 3－1。在整个分类过程中，我们针对每一行（即一个顾客）先询问了性别，然后询问了顾客的购物频率，接着又询问了顾客的年龄。到这里已经能够清楚判断来购物与否，足以判断顾客本月是否来购物了。这就类似于一个对顾客进行分类的决策过程，因此这种方法才叫“决策树”。如果顾客来购物了，意味着顾客在此期间仍旧活跃，我们就可以判断顾客没有流失。因此，我们就能够用决策树来预测顾客流失与否。

刚才的例子只用了三个维度（指标）就把顾客清楚分成了来购物与未来购物两类。如果运气没有这么好，需要更多的维度怎么办？或者，怎么样才能把上述方法进行泛化，让它能够用于各种情况？

为此，我们需要找到几方面的答案，即：(1) 需要几个维度？(2) 应该从数据中具体选择哪些维度？(3) 维度的先后顺序是否有影响？(4) 如果有影响，应该如何决定其先后顺序？(5) 如何才算分类成功了？

三、用决策树进行分类的基本思想

机器学习中，通常会将数据随机分割成“训练数据”（Training）和“测试数据”（Test）两个数据集。用训练数据来拟合参数，然后用测试数据来判断拟合能力的高低。

决策树的分类基本思想并不复杂，实际上就三步：第一步是找到一个最优维度（机器学习中通常叫作“特征”），将训练数据对应的样本（即表 6－1 中的若干行，不是列）分成若干子集。第二步是看看划分后的各子集是否满足分类目标。第三步是针对不满足分类目标的子集，继续重复前两步，直到满足要求为止。

上述过程中，评判特征是否最优主要看分类后的子集的纯净程度。你可以把“纯度”通俗地理解成目标变量要能明确区分（例如，$y=0$ 和 $y=1$ 的样本混在一起就不够纯）。以图 6－3 和图 6－4 为例，两个图所用的数据样本容量都是 100 人，但图 6－4 中来购物和未来购物人数的比值都更为极端（即某一类型的人所占的比重更大），直觉上我们会认为采用购物频率作为划分依据更有效，即更“纯”。

依据每一个维度划分成几个子集取决于数据本身或者管理判断。例如，性别只有男、女两个维度，如果性别这一列的数据有缺失，则可能会有男、女、未知三个维度。购物频率可以划分成高、低两个维度或高、中、低三个维度。因为表 6－1 中的高频购物这一列是数值型连续变量，我们也可以在划分高、低时设定多种不同的分割方式。然后按照每种分割方式都计算一下，看看怎么样分割能够更好满足分类目标。

分类质量如何通常可以依据精确率、召回率、准确率来判断，分类之后这些指标满足什么水平算是实现了分类目标，则取决于管理判断。

我们在第五节和第六节分别讨论如何评判最优特征、如何确定子集数量以及如何评判分类的质量。

第五节　特征选择、决策树的生成和剪枝

通过一个例子了解了决策树的分类基本思想后，我们来重新审视图 6－5。图 6－5 涉及三个特征，分别是性别、购物频率和年龄。哪一个特征应该首先用于分类，取决于用它分类以后子集的纯度提升水平。从概念上思考，决策树的分支节点的纯度可用该节点所包含的个体属于同一类别的比例表示。例如，如果存在一个性别节点，分类后一种情况是女性占比 90%，另一种情况是女性占比 50%，则前一种情况下的纯度就高。如果反向衡量不纯的程度，则后一种情况不纯的程度更高。

要让计算机程序自己找出一个类似于图 6－5 那样的最优分类过程，通常要包括特征选择、决策树的生成以及决策树的剪枝三个步骤。信息熵和基尼系数是找出最优（即纯度提升程度最大）特征的基础，学者们以此为基础研究了选择特征的方法。生成决策树就是每次迭代前找到最优特征作为节点，将训练数据进行划分的过程。划分完成以后，计算机程序找到最优的决策树（即先用什么特征进行分类，再用什么特征进行分类……）。这其中也包括找到每个特征具体进行划分时的最优阈值，例如每月来购物多少次可设定为区分高频和低频的阈值。计算机程序得到了这样一个分类规则后，就可以用测试数据检验一下是否满意。如果可行，计算机程序就会保存这个分类方式，然后就可以用于实际预测了。剪枝则是通过设定一些标准，使得决策树不会为了追求训练数据的分类精度而过度分支，以便最终形成的决策树能够在测试数据上也有较好的分类效果。

我们下面先介绍衡量分类纯度的指标。决策树正是以此为标准才知道如何判断每次迭代分类时的最优特征是什么。

一、衡量纯度变化的指标及算法

在决策树方法中我们不衡量纯度，而是反向衡量不纯的程度。衡量不纯程度及其变化，有三种重点不同的指标，即信息增益（1986 年提出的 ID3 算法采用）、信息增益率（1993 年提出的 C4.5 算法采用）和基尼系数（1984 年提出的 CART 算法采用）。其中，信息增益主要代表分类前后纯度的变化值，可以首选信息增益最大的特征用于分类。信息增益率是用

信息增益除以信息熵，解决了多分类特征本身信息增益就大的问题。基尼系数则是用不同于信息熵的思路来衡量不纯程度。

1. 信息熵

信息增益的基础是信息熵（information entropy）。你不用在意概念和含义的细节。通常一个变量的信息熵越大，它所包含的各种可能性越多，“不纯程度”就越高。略去前人提出这个概念的过程，只集中于其计算方法。信息熵的计算公式如下：

$$\mathrm{Ent}(X)=-\sum_{i=1}^{n}p(x_i)\lg p(x_i)$$

式中，Ent 是 Entropy 的缩写，也有用符号 H 表示的；n 代表 x 这个变量（对应的是表 6－1 中的某一列）一共分成的类型数量（例如性别列有男性和女性两种类型，则 $n=2$）；$p(x_i)$ 代表对应的类型 i 出现的概率（例如图 6－1 中男性出现的概率是 30%），实际就是当前样本中第 i 类个体所占的比例。

我们可以用 $p(x_{高})$ 代表购物频率高这一类型的顾客所占的比例。如果数据集中的样本容量是 100（即假设表 6－1 一共有 100 行），而样本中购物频率为高的顾客有 20 个（20 行），则 $p(x_{高})=0.2$。

如果是二分类变量，例如数据中的顾客流失状态（1 代表流失，2 代表活跃，对应的是x_1和x_2），则该变量的熵值即为：

$$\mathrm{Ent}(\mathrm{label})=-p(x_1)\lg p(x_1)-p(x_2)\lg p(x_2)$$

我们很容易通过样本中流失和未流失（即活跃）的顾客所占的比例，计算出 $p(x_1)$ 和 $p(x_2)$，进而得到 Ent(label) 的值。

2. 信息增益（ID3 算法采用）

信息熵反映了变量的不纯程度。如果把分类前后的不纯程度相减，就可以得到一个反映分类前后纯度变化的指标。信息增益正是按照这样的思路计算的。信息增益指的是使用某个维度（特征）进行分类前后的信息熵的变化。

这里说几句题外话。营销领域是按照自变量（即 x）和因变量（即 y）来思考问题，希望通过建立理论来解释 x 是如何影响 y 的，并据此解决如何通过 x 来预测 y 的问题。机器学习源自计算机领域，虽然并未脱离 x

和 y 这样的影响关系，但更多的是关注两个变量之间的对应关系，而不是建立两个变量之间的解释关系。因此，机器学习领域很多时候并不采用 x 和 y 这种隐含自变量和因变量含义的符号，而只用 Data 或 D 这样的符号来表示。所用的概念常常是“分类”之类的中性词而不是“预测”。

下面切换到计算机领域的用语，来看看如何计算信息增益。仍用表 6-1 对应的例子来解释。

假设表 6-1 中的 15 行数据就是所有用户的数据。现实中，机器学习主要用于处理海量用户的数据，几乎不会仅处理十几行的数据。不过，用于这 15 个用户的算法与用于更多用户的算法并没有差别。我们关心的是用户状态是活跃（active）还是流失（loss）。这是一种活跃或流失的二分状态。表中显示，活跃用户有 6 人，流失用户有 9 人。仅看状态列，提前不做任何额外划分时，表 6-1 中数据的初始信息熵是：

$$\begin{aligned}\mathrm{Ent}(\mathrm{D}) &= -p(x_{\mathrm{active}})\lg p(x_{\mathrm{active}}) - p(x_{\mathrm{loss}})\lg p(x_{\mathrm{loss}}) \\ &= -\frac{6}{15}\lg\left(\frac{6}{15}\right) - \frac{9}{15}\lg\left(\frac{9}{15}\right)\end{aligned}$$

我们现在依据性别对用户流失状态进行划分，用户总数是 15 人，其中男性用户 5 人，用户状态为“活跃”的有 0 人，用户状态为“流失”的有 5 人；女性用户 10 人，用户状态为“活跃”的有 6 人，用户状态为“流失”的有 4 人。我们先计算男性群体的信息熵。注意，这个时候样本容量（仅限男性）为 5 人。计算过程如下：

$$\begin{aligned}\mathrm{Ent}(\mathrm{male}) &= -p(x_{\mathrm{active}})\lg p(x_{\mathrm{active}}) - p(x_{\mathrm{loss}})\lg p(x_{\mathrm{loss}}) \\ &= -\frac{0}{5}\lg\left(\frac{0}{5}\right) - \frac{5}{5}\lg\left(\frac{5}{5}\right)\end{aligned}$$

类似地，15 个用户中只有 10 人是女性，该群体的信息熵计算如下：

$$\begin{aligned}\mathrm{Ent}(\mathrm{female}) &= -p(x_{\mathrm{active}})\lg p(x_{\mathrm{active}}) - p(x_{\mathrm{loss}})\lg p(x_{\mathrm{loss}}) \\ &= -\frac{6}{10}\lg\left(\frac{6}{10}\right) - \frac{4}{10}\lg\left(\frac{4}{10}\right)\end{aligned}$$

综合起来看，依据性别进行划分之后总体的信息熵是：

$$\mathrm{Ent}(\mathrm{D} \mid \mathrm{gender}) = \frac{5}{15}\mathrm{Ent}(\mathrm{male}) + \frac{10}{15}\mathrm{Ent}(\mathrm{female})$$

上述公式等号左侧括号中的“|”表示条件概率。“Ent(D | gender)”

意为按照性别（gender）分类以后，原有数据（D）对应的 15 个用户的信息熵。其中，因为男性只占总数的$\frac{5}{15}$，所以需要用 Ent(male) 乘以这个比例。女性占$\frac{10}{15}$，所以 Ent(female) 也需要乘上这个比例。

我们可以换个例子想想为什么要乘上这个比例。假设高中考试有物理、化学和理化综合三套考卷，都是 100 道选择题，满分也都是 100 分。学生有两种选择：一种是直接用理化综合试卷考试，得到的直接就是“理化综合成绩”。另一种是分别用物理试卷和化学试卷，然后用“物理成绩×50%＋化学成绩×50%”折算后作为“理化综合成绩”。计算 Ent(D | gender) 的逻辑就类似于这个道理。

我们现在有了状态列不用任何指标进行分类之前的信息熵 Ent(D)，也有了用性别进行分类之后的信息熵 Ent(D | gender)。二者的差值，就是信息熵的变化值，信息熵的降低正好表示纯度的提升。这种信息熵的变化被称为“信息增益”，用 Gain（缩写 G）来表示。用性别进行划分以后的信息增益就是：

$$G(\mathrm{D},\mathrm{gender}) = \mathrm{Ent}(\mathrm{D}) - \mathrm{Ent}(\mathrm{D} \mid \mathrm{gender})$$

现在我们有了单独用性别进行划分以后得到的信息增益或者提高的纯度。注意，这是类似于图 6-1 的单层分类。

类似地，我们也可以分别计算用年龄（age）进行划分的信息增益。在表 6-1 中年龄分成了老、中、青三类，分别对应老年人 5 人（其中 1 个“活跃”，4 个“流失”），中年人 5 人（其中 2 个“活跃”，3 个“流失”），青年人 5 人（其中 3 个“活跃”，2 个“流失”）。分成老、中、青三个群体以后的信息熵分别为：

$$\begin{aligned}\mathrm{Ent}(\mathrm{old}) &= -p(x_{\mathrm{active}})\lg p(x_{\mathrm{active}}) - p(x_{\mathrm{loss}})\lg p(x_{\mathrm{loss}}) \\ &= -\frac{1}{5}\lg\left(\frac{1}{5}\right) - \frac{4}{5}\lg\left(\frac{4}{5}\right)\end{aligned}$$

$$\begin{aligned}\mathrm{Ent}(\mathrm{middle}) &= -p(x_{\mathrm{active}})\lg p(x_{\mathrm{active}}) - p(x_{\mathrm{loss}})\lg p(x_{\mathrm{loss}}) \\ &= -\frac{2}{5}\lg\left(\frac{2}{5}\right) - \frac{3}{5}\lg\left(\frac{3}{5}\right)\end{aligned}$$

$$\mathrm{Ent}(\mathrm{young}) = -p(x_{\mathrm{active}})\lg p(x_{\mathrm{active}}) - p(x_{\mathrm{loss}})\lg p(x_{\mathrm{loss}})$$

$$=-\frac{3}{5}\lg\left(\frac{3}{5}\right)-\frac{2}{5}\lg\left(\frac{2}{5}\right)$$

综合起来看，使用年龄进行划分之后总体的信息熵是：

$$\text{Ent}(D \mid \text{age}) = \frac{5}{15}\text{Ent}(\text{old}) + \frac{5}{15}\text{Ent}(\text{middle}) + \frac{5}{15}\text{Ent}(\text{young})$$

我们同样也能得到单独使用年龄进行划分之后的信息增益或提高的纯度，即

$$\text{G}(D,\text{age}) = \text{Ent}(D) - \text{Ent}(D \mid \text{age})$$

类似地，我们也可以计算得到购物频率（frequency）的信息熵及其增益。表 6-1 中购物频率划分为高频（对应高频购物列中的“是”）和低频（对应高频购物列中的“否”）两类。按照与计算按性别分类相同的方式，能够得到：

$$\text{G}(D,\text{freq}) = \text{Ent}(D) - \text{Ent}(D \mid \text{freq})$$

G(D，gender)、G(D，age)、G(D，freq) 的含义是对应的分类方法对纯度的提升作用。现在，只需要比较这三个值哪个最大，就可以知道进行第一层分类的时候应该首先采用哪个指标（对应表 6-1 中的某一列）了。

划分完第一层之后，接着用其余的指标（表 6-1 中的其余列），按照上述同样的过程，分别计算 $i=1\sim n$ 时的 G(D，列 i)。然后选出最大的 G(D，某列)，接着将这一列作为下一层分类的指标。如此重复，一直到满意为止。满意的标准和潜在的问题后面再说。

之所以每次都是用其余的“列”开始下一层的分类，是因为进行上一层分类时，已经用了某列（例如性别），分出的每个分支已经只有单一值（例如男性）。如果还用这个指标（例如性别），就会分不出新的分支。

简言之，当有多个“特征”（也叫“维度”或者“指标”，对应表 6-1 中的多列）可以用于对数据进行分类时，每次应该采用导致信息增益（纯度提升）最大的指标作为分类的节点。信息增益就是选择节点的一个标准。

3. 信息增益率（C4.5 算法采用）

如果所有特征都是二分类的，用信息增益没有问题。人们在实际计算中发现，采用信息增益法更容易筛选出具有多种分类的特征，而实际上这

样分类未必比其他分类更好。例如，表 6－1 的年龄有老、中、青三个分类，按照信息增益法就更容易被选作初始节点。在极端情况下，如果依据姓名来分类，因为多数人姓名不同，会把每个人分成一类，纯度的提升是最大的，但这对预测用户流失完全没有帮助。

使用信息增益率有助于解决上述问题。信息增益率是用刚才计算出的某列的信息增益除以该列的信息熵。这一比值就称为“信息增益率”，用 Gain Ratio（缩写即 GR）表示。通常把某列当作一种属性，用“attribute”泛指，然后选择信息增益率最大的特征来作为初始节点。信息增益率的计算公式是：

$$\mathrm{GR}(\mathrm{D},\mathrm{attribute})=\frac{\mathrm{G}(\mathrm{D},\mathrm{attribute})}{\mathrm{Ent}(\mathrm{attribute})}$$

如果某列取值类型较多，虽然 G(D，attribute）会变大，但同时 Ent(attribute）也会变大，两者相除就会在一定程度上解决这些问题。

在表 6－1 中，我们把年龄分成了老、中、青三类。如果数据中的年龄是实际的数字，用信息增益率处理这类数据时还可以采用对年龄进行排序的方法，用排序后的年龄中的某些位置作为分类的阈值。另外，有时数据会引发 Ent(attribute）等于零或者接近零（即分母为零），导致计算出的信息增益率不可靠。学者们想到了另外一些方法来解决这些问题，例如设法在分母中增加数据平滑的部分等。本书主要想讲清楚核心思想，这些细节就不再展开说明了。

4. 基尼系数（CART 算法采用）

基尼系数与信息熵一样，都是用于判断纯度，但采用的思路与信息熵不同。这里说的基尼系数和经济学上所说的衡量地区收入差距的基尼系数不是一回事。容易让人混淆的还有衡量食品支出总额占个人消费支出总额比重的恩格尔系数。

基尼系数（常用“Gini”表示）用于反映从一个数据集中随机抽取两个样本（可以理解为表 6－1 中的两行），其所属类别不一致的概率。从定义可以看出，Gini(D）的值越小，两个样本所属类别不一致的概率越小，当然数据集的纯度越高。

我们来看看这个概率是怎么计算出来的，以便读者理解基尼系数的计算公式。还是以表 6-1 为例，用户（对应于表中的某行）的状态无外乎“流失”或者“活跃”中的一种。因为分类模型不可能 100%绝对准确，所以归类为“流失”的用户中也可能包含“活跃”的用户，反之亦然。假设某个算法把用户分成了“流失”和“活跃”两类后，其中“流失”这一类别包含 m 个用户。这 m 个用户中，实际流失的有 n 个，剩下都是未流失（即活跃）的，有 $m-n$ 个。因此，标记为“流失”的用户中，实际流失的比例是$\frac{n}{m}$，而实际未流失的比例是$\frac{m-n}{m}$。如果从标记为“流失”的用户中任选两个用户，他们实际上不属于同一类别（即分别属于“流失”和“活跃”）的概率是$\frac{n}{m}\times\frac{m-n}{m}$。如果把$\frac{n}{m}$记作符号 p，$p=\frac{n}{m}$实际上正是代表概率，则$\frac{n}{m}\times\frac{m-n}{m}=p\times(1-p)$。同样，分类为“活跃”的用户中也会包含实际“流失”和“活跃”的两类用户。因为算法在分类（不论是“流失”还是“活跃”群体）上的误差是一样的，所以，在分类为“活跃”的群体中任选两个用户，他们不属于同一类别（即一个实际上属于“流失”群体，另一个实际上属于“活跃”群体）的概率也是 $p\times(1-p)$。

我们把依据算法划分的“流失”和“活跃”这两个群体中，任选两个用户而各自不属于同一群体的概率相加，就得到了整个预测结果中任选两个用户分属不同群体的概率。如果是 k 类别数，就相加 k 次。由此，得到基尼系数的计算公式，即

$$\begin{aligned}\text{Gini} &= \sum_{i=1}^{k} p(x_i)\times[1-p(x_i)] = \sum_{i=1}^{k}[p(x_i)-p(x_i)^2] \\ &= \sum_{i=1}^{k} p(x_i) - \sum_{i=1}^{k} p(x_i)^2 = 1-\sum_{i=1}^{k} p(x_i)^2\end{aligned}$$

式中，$\sum_{i=1}^{k} p(x_i)$ 相当于所有情况的概率求和，当然，$\sum_{i=1}^{k} p(x_i)=1$。

前面提到的信息熵的思想也是类似的逻辑，只不过因为涉及较多的背景知识，很难用简单的几段话解释清楚，本书就没有展开解释。读者从 Gini 系数的定义逻辑中也能体会个大概。理解核心思想是最重要的，而实际的计算依靠计算机程序。

有了基尼系数的定义，我们也可以按照前面 Ent(D | gender) 的算法，类似地计算 Gini(D | gender) 和 G(D, gender)，然后采用纯度提升水平最高的列作为每次分类时的初始节点。剩余的计算都是类似的，这里不再赘述。

二、生成决策树

确定了每次的最优特征（或者叫指标、属性、列等，都是一个意思）之后，剩下就是逐次按照此特征对数据集进行分类。"找出最优特征→分类→找出剩余特征中的最优特征→分类→……"就是一个计算机程序不断迭代的过程。整个过程并不是根据专家的行业经验，而是用计算机程序通过计算来选择每次最优的用于分类的特征。正是这种不依靠经验而是靠计算迭代找到最优特征的思路，使得决策树被认为是机器学习的一种方法。因为它符合机器学习的核心思想，即设定评判标准，然后由计算机程序找出最优值。

以上描述了一下计算机程序大概要完成的工作。如果实际工作中不进行大的更改，可以直接调用现成的决策树的代码包（例如 Sklearn 中的 tree)，就能生成预测结果了。

三、决策树剪枝

决策树的生成过程会不断地对数据递归分类，直到再也分不下去为止。其结果对训练数据表现很好，但应用于实际数据时分类结果则不够准确。因为前面设计的算法在训练数据上追求的就是尽量准确，这就是常说的对训练数据的过拟合问题。为了解决这个问题，需要在原有算法上补充一些判断标准，让算法在达到某种标准的时候就不再继续分类下去，以便提高分类算法的适用性（即不仅在训练数据上表现好，在对应实际情况的测试数据上也能表现好)。

决策树剪枝要解决的就是这个问题。"剪枝"顾名思义就是不让决策树分出过多的分支（分类)。不过这个概念不够严谨，表达的好像是剪掉了一些分支（包含有样本)。更准确一点说，其实不是"剪枝"，而是"停止分支"，就是不让某枝条再发芽生成新分支的意思。

“剪枝”又分为“预剪枝”和“后剪枝”。“预剪枝”的思想很容易理解，它在程序中的做法其实是在每次要开始新分类前，增加一次判断。如果符合某标准，就继续分类（分支）。如果不符合，则停止分类，那么这一支的分类就到此结束了。“预剪枝”的思想很棒，只是不容易找到最优的判断标准。“后剪枝”则是先进行彻底分类，然后把一些类别进行合并，看看这种合并（或者说“不分类”）对结果有多大的影响。如果影响不大，就尽量合并，这样形成的决策树最简单。

对于“后剪枝”，判断合并后的影响主要根据“损失函数”。“后剪枝”遵循损失函数最小化原则。损失函数的形式如下：

$$C_\alpha(T)=C(T)+\alpha|T|=\Big[\sum_{i=1}^{T}N_t\,\mathrm{Ent}_t(T)\Big]+\alpha|T|$$

式中，T 表示决策树的节点个数，它代表了决策树的复杂度；t 代表具体的分支；N_t表示 t 这个节点的样本容量；$C(T)$ 代表模型（即决策树）对训练数据的拟合度；$|T|$ 表示模型即树的复杂度；α 是控制参数。因为“后剪枝”追求损失函数（即 $C_\alpha(T)$）最小化，如果 α 较大，则模型复杂度 $|T|$ 在 $C_\alpha(T)$ 中所占的比重就大，对其产生的影响就大，而拟合度 $C(T)$ 所占的比重就相应减小。这样通过 α 来控制两个相互制约的部分（即“拟合较好”和“复杂”）谁发挥的作用更大。

四、以决策树为基础的随机森林方法

决策树的思想和方法虽然是现成的，但要生成决策树用于预测，首先要有样本数据提供给决策树的算法（例如本节提到过的 ID3、C4.5 和 CART）。计算时一般会把样本数据分成训练集和测试集两部分，然后用训练集生成算法模型，用测试集检验模型的优劣。

算法程序虽然可以通过分析训练集生成决策树，并利用测试集进行检验，但最终目标仍是预测正常的业务数据。当样本足够大时，还可以从中按照有放回的抽样生成多个训练集，然后用每个训练集生成一棵决策树。这相当于构成一个决策树森林。

有实际业务数据需要预测时，如果采用单一的决策树，则只有一个预测结果；如果采用刚才生成的多棵决策树（决策树森林），则让森林中的每棵决策树都给出一个预测结果，然后少数服从多数，以此作为最终的预测结果。所谓随机森林中的“随机”，指的是分割训练集样本的时候，随机选择样本。

随机森林评估特征的重要性主要是依据特征在每棵决策树上的贡献，然后根据平均值做判断。贡献常用前面提到的基尼系数或者袋外数据（OOB）错误率来衡量。你可以简单地将后者理解成把样本的一部分装到袋子里，然后用袋子里的样本生成模型，用袋子外的样本通过筛选特征来改进模型。当然，其中还有很多细节，无法用一两句话解释清楚，但核心思想并没有太大的区别。

第六节　判断机器学习算法优劣的方法

第五节介绍了机器学习中的决策树算法，其实还有很多类似的方法，例如支持向量机（SVM）等。感谢各领域学者的努力和贡献，现在有了多种方法可用于解决同一个预测问题，例如分类或者回归。当存在多种备选方法时，如何选择或者如何评价每种方法的优劣呢？评价各种机器学习算法的指标中，最常用的是准确率、召回率、精确率三个。

一、评判模型优劣的核心思想

一个模型无论是用于分类还是用于回归，总是要服务于某个决策目标。例如，找出高流失风险顾客，找出可能会买东西的顾客，或者找出顾客最可能购买的产品等。我们希望通过某个模型或者算法能够从备选总体（例如所有顾客）中找出目标群体（例如可能流失的顾客）。目标群体是备选总体的子集。可以将备选总体当作一个大圈，而目标群体是大圈内部的某个小圈。预测的过程就相当于在大圈范围内画个小圈，希望这个小圈能够把目标群体包含在内。听起来这是顺理成章的事情，但实际构建模型时却并不容易取舍。

如果模型画出的小圈大一些，当然能把目标群体的所有成员都包括在内，但很可能会把很多非目标群体成员也包含在内。这就相当于汽车厂商要召回已经售出的有事故隐患的车辆，如果不做任何筛选，一股脑儿地把所有售出车辆召回，肯定能够把有隐患的车辆包含在内，但同时也召回了很多没有隐患的车辆。从确保安全的角度来说这样做当然没问题，但却增加了很多不必要的支出，造成了浪费。

如果模型画的小圈小一些，里面肯定都是目标群体的成员，但还会有一些目标群体成员没有被包含在内。这就相当于汽车厂商采用极其严格的召回标准，召回的汽车肯定都是有隐患的车辆，从成本的角度考虑这样做不会有任何浪费。但因为标准过严，所以还有一些同样有隐患的车辆没有包含在召回范围内。这虽然避免了浪费，但无法最大限度确保车辆安全。

车辆召回就是要在安全性和经济性之间找到均衡点。预测模型其实也遵照类似的逻辑，要在找到和误判之间实现均衡：既要尽量找到目标，又不能把范围设定得太大。

二、评判模型优劣依赖的数据

我们还以预测用户流失为例，用图 6－6 表示预测的结果：

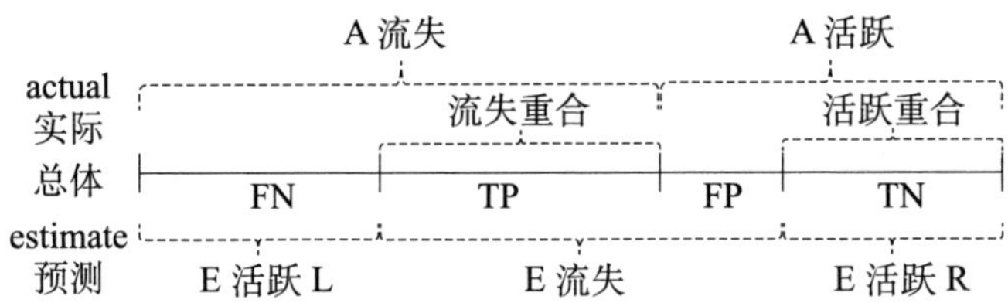

图 6－6　用户的实际分类和预测分类的关系

图 6－6 中间的实线代表用户总体。实线的上方是实际流失和实际活跃的用户，下方是预测流失和预测活跃的用户。用 actual（缩写为 A）代表实际情况，用 estimate（缩写为 E）代表预测情况。实际流失的用户群“A 流失”中的用户，有些被错误预测为活跃用户（即所标注的“E 活跃 L”，L 即 left），有些被正确预测为流失用户（即所标注的“E 流失”的左半部分）。实际活跃的用户群“A 活跃”中的用户，有些被错误预测为流失用户（即所标注的“E 流失”的右半部分），有些则被正确预测为活跃用户（即所标注的“E 活跃 R”，R 即 right）。

假设预测模型关注的是流失用户，则用户流失标注为 positive（缩写为 P），用户活跃就标注为 negative（缩写为 N）。标注的原则是看要预测什么，所关注的用户类型标注为 P，不是所关注的就标注为 N。当然也可以关注活跃用户，道理和标注的原则是一样的。

图 6－6 代表总体的实线一共被分成了 FN、TP、FP 和 TN 四个部分。F 代表 false，T 代表 true。因为图 6－6 关注的是流失用户，所以将流失状态设为 positive，活跃状态设为 negative。其中 FN（即 false negative，其他缩写也是按照类似的规则）代表错误标注为活跃的，在图 6－6 中对应的是实际属于“A 流失”但被误判为“E 活跃 L”的用户。TP（即 true positive）对应实际流失也被正确判断为流失的用户。FP（即 false positive）对应实际活跃但被误判为流失的用户。TN（即 true negative）对应实际活跃且被正确判断为活跃的用户。

三、评判模型优劣的具体指标

从评判模型优劣的核心思想可以看出，预测时主要关心以下两方面的目标：

（1）要找的目标尽量都能找到：这时候就需要适当扩大范围。

（2）找到的目标尽量都是要找的目标：这时候就需要适当缩小范围。

基于上述目标，学者们提出了三个指标来综合评估模型的优劣，即准确率、召回率和精确率。

准确率（accuracy）表示找对了的目标占总体的比例，或者说“预测正确的数量占样本的百分比”。图 6－6 中包括对流失和活跃两种状态的预测，所以预测正确也包含正确预测出的流失和活跃用户，其分别对应的是图中的 TP（预测正确的流失用户）和 TN（预测正确的活跃用户）。预测正确的用户合在一起即“TP＋TN”。可以看出，准确率衡量的是“找对”的比例，即$\frac{TP+TN}{TP+TN+FN+FP}$。但是，准确率受到样本中不同类型用户所占比例的影响较大。例如，用户总数是 100 人，实际流失了 90 人，如果模型把这 90 人找到了，则准确率就是 90％。这个指标看起来很有用，但其实受到用户构成的影响很大。就拿这个例子来看，用一个完全没有区分度的模型，把 100 个用户都预测为流失用户，仍旧有 90％的准确率。所以，仅凭准确率指标不能很好地反映模型的优劣。

为了解决准确率受样本构成情况影响较大的问题，学者们设计了另外两种相互制约的指标，分别是召回率和精确率。

召回率（recall）顾名思义就是把该找的都找到。它表达的是实际找到的目标占要找的目标群体的比例。还以图 6－6 为例，在这个例子中，预测任务是找出要流失的用户，即“A 流失”部分。而通过预测找到的则是“E 流失”部分，其中真正流失的是 TP 部分。召回率反映的其实就是$\frac{TP}{TP+FN}$。如果预测的范围大一些，实际目标包含在内的可能性就大，召回率就会提高。从这个角度看，提高召回率和提高准确率会促使预测时尽量扩大范围，筛选的标准宽松一些。召回率也可以按照“查全率”来理解，反映模型把目标找全的能力。

提高召回率在找到更多目标的同时，会因为标准宽松包含很多非目标群体成员。为了平衡这种倾向，学者们提出“精确率”指标。精确率（precision）反映预测出的目标群体中确实是实际目标群体成员的比例。例如，当想预测流失的用户时，精确率反映的就是预测正确的流失用户占所预测出的总流失用户的比例，也就是$\frac{TP}{TP+FP}$。如果预测的范围太大，则“TP＋FP”结果变大，这个指标就会下降。精确率也可以按照“查准率”来理解，反映模型预测正确的能力。例如某个样本被模型判断为某种类型，如果模型的精确率很高，模型的使用者就有把握认定这种判断应该是对的。

召回率和精确率相互牵制，有助于模型达到既能把该找到的都尽量找到又能尽量避免滥竽充数的平衡。

我们把三个指标放在一起对比一下，发现三者关心的都是找到正确的目标群体，即 TP 或者 TN。但三者参照的范围不同，准确率参照的是整个样本（即“TP＋TN＋FN＋FP”），召回率参照的是实际目标群体“A 流失”（即“TP＋FN”），而精确率参照的则是预测群体“E 流失”（即“TP＋FP”）。如果用公式表示，则是：

$$准确率=\frac{流失重合+活跃重合}{总体}=\frac{TP+TN}{TP+TN+FN+FP}$$

$$召回率=\frac{流失重合}{A\ 流失}=\frac{TP}{TP+FN}$$

$$精确率=\frac{流失重合}{E流失}=\frac{TP}{TP+FP}$$

我们可以换个角度看这三个指标。当拿到某个模型的预测结果时，如果关心判断结果（可能是流失，也可能是活跃）对不对，要看准确率，它反映模型误报的多不多。如果结果显示某个样本处于流失状态，想知道这个结果对不对，要看精确率。如果想知道目标是否被找到，要看召回率。

四、采用机器学习进行预测的主要问题

第四节和第五节以决策树为例，介绍了采用机器学习的方法（主要是决策树）进行预测的基本思路。机器学习包含很多不同的具体方法，既可以用于分类也可以用于回归。本章通过介绍其中的决策树方法，希望读者能够对机器学习领域有个初步的感性认识。机器学习的方法很多，要想都讲清楚，足以写成若干本专著，这已经超出了本书的目标。

随着机器学习乃至深度学习相关研究的深入，机器学习预测模型的准确性有了很大的提升，在很多领域已经有了较好的应用，例如用于语音识别和图像识别。将机器学习的方法应用于营销领域时，在多个方面也取得了不错的应用效果。

机器学习的应用效果虽然不错，但利用算法或模型得到的结果的可解释性不好。也就是说，即便结果是正确的，模型本身除了能说这是算出来的之外，对于为什么是这样的结果，出现这个结果的原因是什么，给不出充分的解释。这在那些能够进行尝试的领域倒还不算大问题，虽然难以解释清楚，但只要试一试发现效果好，企业管理者还能下决心使用预测结果。但如果放到其他高风险、无法尝试的领域，即便模型给出一个结果，如果不能给决策者有关“为什么会是这样”或者“这样为什么不会有问题”的充分解释，他们会很难放心使用预测结果，这就会限制机器学习在实践中的应用。

第七章　产品推荐和先后购买

通过前六章我们已经了解了重复性购买行为，知道了如何预测顾客下次购物的时间，知道了如何从长期考虑，判断顾客能够向企业提供的终生价值，也知道了顾客之间会相互影响，导致顾客新增或者顾客流失，改变企业的总顾客数量。本章探讨一个新的问题，即企业通过营销手段吸引到新顾客，或者预测到老顾客可能要重复购买了，或者唤醒了休眠的顾客后，应该向顾客推荐什么产品。或者说，之前关注的是顾客什么时候来、购物金额是多少、长期来看会持续购物多少年，但没有关注顾客会买什么产品。本章就来考虑顾客会购买的产品以及购买产品可能存在的先后顺序。

在深入探讨产品推荐之前，我们先要泛化对顾客重复性购买行为的理解。有了对不同层面"重复性"的理解，后续进行产品推荐的时候就能够有更多灵活的选择，而不会局限于具体产品的重复购买和推荐。

第一节　从不同层面泛化理解重复性

顾客的购买行为可以分为重复性和非重复性两大类。随着视角的变化，同一个行为有可能被划分为不同的类别。

一、判断重复性的不同视角

如果画一条线段，把重复性和非重复性作为线段的两头，那么多数购买行为都可以作为一个点，标在线段上的某处，如图 7－1 所示：

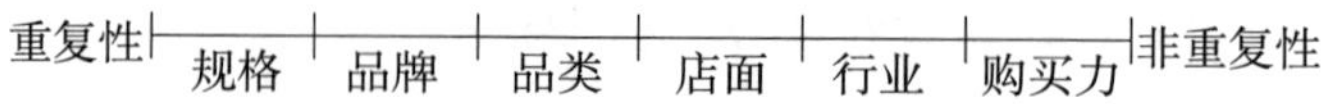

图 7-1　消费者多种行为的重复性程度划分

图 7-1 中文字代表顾客下次购物和上次购物相似的领域。例如，上次买了 350ml 的啤酒，这次买的还是 350ml 的啤酒，属于规格上一样的购物。如果上次买的是听装啤酒，这次买的是瓶装啤酒，容量也从 350ml 变成了 640ml，虽然规格完全不一样，但可能仍属于同一个品牌。如果下次购物买的不是啤酒，而是酸奶（仍属于食品），则可以从品类角度把两次购物看作重复购买，区别只是品类划分的宽窄。甚至两次购物购买的完全是不同的品类，例如一次买啤酒，一次买电脑，虽然品类不同，但都是从同一个电商平台购买的，如果从电商平台来看，顾客仍旧产生了重复性购物行为。在更靠线段右侧的情况下，顾客分别从中石油和中石化加油站加油，两个加油站虽然分属不同的公司，但如果从行业看，顾客仍旧在行业内产生了重复购买行为。在更宽泛的定义下，顾客上半年买衣服、下半年去旅游，从动用购买力支付的角度看，也是一种重复购买。图 7-1 其实说的都是重复性购物，只不过越偏向左侧，越是狭义上的重复性购物；越偏向右侧，狭义的重复性越低。

二、不同视角看待重复性的例子

我们可以用个更具体的例子来讨论重复性。假设我们有类似美团（以下缩写为 MT，泛指美团网和对应 App 等）这样的平台企业的数据。MT 作为一个服务平台，涉及很多的领域。为了便于说明，我们用 2021 年 3 月 MT 手机 App 的页面截图来展示，如图 7-2 所示。

MT 记录的顾客行为，包括点了什么菜品（对应图 7-1 中的“规格”）、从哪家店购买（对应图 7-1 中的“店面”），还可能包括顾客看了哪些电影、去哪里看病和修车（对应图 7-1 中的“购买力”）。简单地说，如何看待重复性行为，取决于数据所包含的内容。

图 7-1 把顾客后续的购买行为看作不同范围的重复性购买，区别在于关注的是购物产生的哪部分数据。例如，研究顾客的购物数据时，如果从所购买产品的规格角度来判断，可能发生了顾客流失；但是从品牌角度

图 7－2　美团所涉及的业务领域

来判断，顾客仍旧活跃。同样的逻辑和道理，可以延伸到图 7－1 的最右侧。以图 7－2 所代表的业务为例，如果从产品所属的品类、店面甚至行业看，顾客都可以看作流失了，但从顾客登录 MT 并使用其服务来判断，顾客仍旧活跃。顾客在 MT 上的任何行为仍旧可以归为重复性行为。

总的来看，顾客的多数行为，取决于不同层面的数据提取和分割，可以归为不同层级的重复性行为。

三、判断重复性的不同视角

在重复性购买的基础上，向顾客推荐产品有“水平”和“垂直”两种思路。这是本书借用的说法，理论上并没有“水平推荐”和“垂直推荐”的说法。提出这种概念指向的是顾客购买产品时是否存在“天然”的先后顺序。这与市场营销文献中的“水平产品”和“垂直产品”不是一回事。文献中的“水平产品”指的是产品本身无优劣而只跟顾客偏好有关的产品，例如白色汽车还是黑色汽车。“垂直产品”则指产品本身有优劣差别，例如高品质汽车和低品质汽车。如果价格一样，所有正常人都会喜欢高品质产品。

按照“水平”思路推荐产品时，认为顾客购买的产品都是同一层级的，不存在先后顺序。影响顾客购买决策的主要是产品之间的相似性或者顾客之间的相似性。例如，我们在电商平台购物时经常会看到“猜你喜欢”之类的产品推荐。这类推荐的逻辑有两种：一种是根据你之前看过或者买过的产品，给你推荐相似产品；另一种是向你推荐与你类似的顾客买过的产品。不论是哪种情况，其在推荐时并不认为这次购买的产品与在此之前购买的产品之间有先后顺序，更多的是看产品或者顾客之间的相似程度。

按照“垂直”思路推荐产品时，认为顾客购买的产品存在先后顺序，顾客通常会先买某些产品，然后才会购买其他产品。例如，从银行的角度看，顾客会先开储蓄账户，再开信用卡账户。或者，顾客开户后，会先存活期，再存定期，后进行理财之类的金融活动。如果不了解这种产品隐含的先后顺序，即便按照之前的预测方法预测出顾客最近购物的概率很高，如果直接向他推荐排在后面的产品，也是很难实现重复性购买的。实践者可能会因此反过来质疑预测模型的效力，殊不知问题没出在预测顾客重复购买概率的模型上，而是推荐的产品不对路，或者更精确地说是推荐产品的先后顺序或者时间点不合适。

本章后续各节就从“水平推荐”和“垂直推荐”两个角度，说明向顾客推荐产品的思路。电商平台的推荐系统主要是采用“水平推荐”的思路。这主要是因为在电商平台上销售的绝大多数产品之间不存在购买的先后顺序。而在另外一些行业，顾客需求会随着顾客对企业的信任提升而发生变化，这些行业往往需要采用“垂直推荐”的思路。例如银行业、保险业的顾客首先购买的多是低风险产品，然后才会逐渐尝试购买高风险产品。企业在顾客浏览（或者逛店）概率最高的时间，向顾客推送合适的产品，更容易实现产品销售，形成从预测到销售的闭环。

第二节 水平推荐：推荐系统的基本逻辑

推荐系统在电商平台运用得最多，不过其思想并不是发源于此，当然应用领域也不局限于此。当多个产品不存在购买的先后顺序，或者，即便有先后顺序，也没有能力识别出顾客购买产品的先后顺序时，我们都会用到水平推荐的思想。电商平台上的绝大多数产品相互之间没有关联，顾客购买这些产品完全不存在前后顺序。当然，也会存在一些产品有购买的先后顺序，例如，顾客先买打印机，然后才会定期购买墨盒或者硒鼓。只是这种很明显的先后顺序依托现有的销售经验就已经能够识别出，用不着再用模型或者算法来解决。

一、水平推荐针对的三种顾客类型

我们先用个例子对推荐的核心思想进行简单介绍。假设你是服装店的销售员，来了一个顾客在挑衣服，你应该走过去向顾客建议试穿什么样的衣服呢？

我们可以把顾客分成有反馈和没有反馈两大类。反馈又可以分为显性和隐性两类。显性反馈代表顾客告诉了我们他是否喜欢。隐性反馈则代表顾客没有用语言，而是通过挑选或者购买产品等行动暗示了他的偏好。没有反馈的顾客则类似店里来了个新顾客，他什么都没说、什么都没特别去看，很难直接猜出他的偏好。我们往往只能根据可获取的信息进行判断，例如性别、年龄等人口统计信息或者来的时间。下面针对上述三种顾客类型分别讨论推荐的思路。

1. 给出显性反馈的顾客

向给出显性反馈的顾客推荐产品最容易。顾客如果是正面表达，说想要休闲风格的服装，我们直接向他推荐休闲装即可。如果顾客是负面表达，例如说他看到的服装风格过于休闲了，我们可以推荐稍微正式一点的服装。无论正反馈还是负反馈，都可以把顾客偏好量化，例如服装风格的休闲度是 3（1 代表完全正式，5 代表完全休闲）。如果顾客反馈不喜欢颜色太暗的衣服，我们可以推荐色彩明亮一些的衣服。这时，我们又得到了顾客在另外一个维度（即色彩）上的偏好。依此类推，顾客反馈的维度越多，我们对顾客偏好的了解也越多。

2. 给出隐性反馈的顾客

有的情况下，顾客没有明确告诉我们他的偏好。他可能是个不爱说话的顾客，也可能没有弄清楚自己的偏好。如果顾客已经试过几件衣服，我们大概可以根据他试过的衣服判断他倾向于购买什么类型的衣服。例如，顾客试了若干套西装，向他推荐西装肯定比推荐夹克衫成交的概率更大。当然，他试了若干套还没买，肯定是在犹豫或者不完全满意，所以，推荐的应该是同属西装大类但又跟他试过的不完全一样的西装。我们还可以根据其他方面做更多的细化考虑，设计推荐系统考虑的是非人员化的场景，所以，先要考虑大类判断正确，再考虑细节，并且要考虑用算法实现的可能性。

3. 没有给出反馈的顾客

有的时候来的是个新顾客，他还什么都没说，也什么都没试过。我们也就无法根据他看过、试过的产品来判断其偏好。当然可以问一问他想要什么，或者等他试过几件以后再向他推荐。这样就转化成了前两种情况。

现实的挑战是，顾客进店不容易，如果不和顾客互动（常见的就是推荐点什么），很可能顾客在店里看几眼就走了，我们根本就没有等他试了几件后再推荐的机会。你去实体店买衣服，店员总是不厌其烦让你先试试，其实是需要了解一下你的偏好，同时也通过试衣服把你留在店里，以便能获得和你交流及后续向你推荐的机会。

电商平台或实体店的顾客来访是企业花钱做广告等吸引来的。电商平台上可选的店铺和产品又近乎无限，顾客切换到其他店铺或者产品页面是很容易的事情。如果不能很快留住顾客，顾客在手机上只要轻轻一滑就去别处了。

新顾客还没有留下行为痕迹，所以无法根据他浏览或者试过的产品来进行推荐。这个时候就需要换个思路来解决问题。我们在预测顾客的重复性行为时遇到过类似问题。情形是，如果有顾客的过去行为，我们就按照“用过去预测未来”的思路；如果是新顾客（这时没有顾客的过去行为），当时的思路是“用群体预测个体”，即用群体的购物时间间隔（实际上是个概率分布），按照概率最大化的原则，推算个体的购物时间间隔。向新顾客推荐产品时，我们也可以按照类似的思路。好消息是现在比预测购物时间间隔有了更多维度的信息，如顾客性别、年龄、进店时间和引流渠道等，我们可以据此找到与这些新顾客类似的现有顾客，根据现有顾客的偏好来猜测新顾客的偏好。

向上述三种类型的顾客推荐产品，实质都是弄清楚顾客偏好。区别只在于有的顾客直接说出了他的偏好；有的顾客只有行为，需要我们猜测其偏好；还有些顾客甚至连行为都没有，需要我们根据相似顾客来猜测其偏好。弄清楚了顾客偏好以后，我们向他推荐与他偏好最接近的产品就是了。

二、顾客反馈的量化

我们以上述三种顾客类型为例，看看如何量化顾客不同类型的反馈并形成可供分析的数据。

1. 显性反馈形成的数据

在显性反馈情境下，顾客表达了自己的偏好。我们可以把顾客对不同产品的偏好转换成五点量表。在线上场景中，顾客可能直接给出了评分。例如顾客会在豆瓣网站留下对不同电影或者书籍的评分。或者，顾客点了外卖，会在美团平台对餐馆、送餐员等给出评价。类似的场景还有很多，其核心就是我们有了顾客对不同产品或服务的评分。对应的数据整理出来则如表 7－1 所示：

表 7－1　顾客明确表达出的对不同产品的偏好

顾客姓名	产品 A	产品 B	产品 C	产品 D
赵轻松	3	5	4	
李中华	3	4	4	
张三	3	4	3	4
李四	4	5	3	4
王五	4			5

表 7－1 的空白处代表顾客没有反馈对该产品的偏好。这可能是顾客没有给出反馈，也可能是顾客没有购买过该产品。

2. 隐性反馈形成的数据

隐性反馈的情况稍微复杂一些，我们可以从产品整体和产品特征两个层面来分析。

从产品整体看，虽然顾客的隐性反馈并未给出任何针对产品的整体评分，但是他的一系列行为会折射出其对产品的总体偏好。例如，顾客花了不少时间查看某产品，或者在电商平台上多次浏览某产品，都意味着顾客对它感兴趣。顾客如果购买了该产品，则对该产品的总体偏好肯定高于仅仅翻看产品。在电商情境下，顾客的页面点击、浏览、加收藏夹、加购物车、下单、付款存在一个先后顺序，并且在企业的数据系统中都有行为时间的记录。我们可以按照点击是 1、浏览是 2、加收藏夹是 3、加购物车是 4、购买是 5 来给不同的行为赋值。虽然不同的行为只是类别不同，应该使用定类尺度标记，但因为存在先后顺序，实际上可以标定成定序尺度。我们也可以用浏览时间或者浏览次数来量化顾客对某产品感兴趣的程度。在衡量对某首歌的喜爱情景下，显性反馈是顾客给出对某首歌的评价，而隐性反馈则可以用顾客播放某首歌的次数来代表。例如，QQ 音乐等在线网站对用户的播放次数都有记录。不论哪种情况，我们都可以把顾客行为转换成数字。为了明确对应关系和便于阅读，我们也基于顾客的隐性反馈生成一个对应的数据表，数据的形式如表 7－2 所示。注意，表 7－2 与表 7－1 的区别主要是每列数据的数字含义有差别，而整个表格（对应的是数据系统存储的数据）的结构与表 7-1 其实是一样的。

表 7-2　顾客行为隐含的对不同产品的偏好

顾客姓名	产品 A	产品 B	产品 C	产品 D
赵轻松	3	5	4	
李中华	3	4	4	
张三	3	4	3	4
李四	4	5	3	4
王五	4			5

从产品特征看，任何类别的产品都可以划分出若干特征。例如，服装包括品牌、材质、颜色、尺码等，家电包括尺寸、功率等。如果是电影或者其他演出，则可以划分出导演、主演、情节类型、表现手法等。这些特征本身并不受顾客偏好的影响。产品的同一个特征，在不同的顾客看来并没有差别。但是同一顾客却会对不同特征构成的产品产生不同的偏好。也就是说，特征本身不受顾客偏好的影响，却会影响顾客偏好。如果抽象具体的特征名称（例如品牌、材质等），而用特征 1、特征 2……来表示，也可以形成不同产品的特征数据，其形式如表 7-3 所示：

表 7-3　不同产品的特征差别

产品名称	产品特征编码或数值			
	特征 1	特征 2	特征 3	特征 4
A	3	5	4	
B	3	4	4	
C	3	4	3	4
D	4	5	3	4
E	4			5

表 7-3 中的特征可以是定类的，例如不同数字代表不同的品牌；可以是定序的，例如同一颜色的不同亮度；可能是定比的，例如价格之类可以加减乘除的数字。

3. *顾客没有给出反馈时推荐产品需要依据的数据*

当顾客没有给出任何反馈时，无法观察或者了解顾客偏好。这时则需要根据与他相似的顾客的偏好来猜测他的偏好。寻找相似顾客更多的是依赖顾客的人口统计信息和与具体产品无关的行为信息（例如进店或者登录时间等），而不是顾客在具体产品层面上的信息（因为还没有获得这类信息）。在这种情况下进行推荐，主要是依据数据系统中留存的顾客背景信息。这些信息的数据格式如表 7－4 所示：

表 7－4　顾客的背景信息或者与产品无关的行为信息

顾客姓名	顾客的背景信息或行为信息			
	登录时间	年龄	地址	性别
赵轻松	3	5	4	
李中华	3	4	4	
张三	3	4	3	4
李四	4	5	3	4
王五	4			5

表 7－4 中的多列数据是分类数据。登录时间虽然能精确到秒，但做出推荐决策需要的只是时间段，例如划分为“早、中、晚”或者划分到每个小时中，其他的信息如地址、性别也都是分类数据，虽然表格中的内容仍旧是数字，却是之前提到过的定类尺度。通常，只有年龄、收入这样的数据采用的是定比尺度。实践中，往往因为数据精度不够，年龄也会是“老年、中年、青年”之类的定类尺度，收入也可能是“高、中、低”之类的定类尺度。

对比来看，表 7－1 和表 7－2 是不同顾客对不同产品的总体评价，区别只在于评价是顾客明确给出的还是我们依据顾客行为做出的。表 7－3 是不同产品在多个特征上的对比。不同于表 7－1 和表 7－2 代表多个顾客，表 7－3 可以是同一个顾客看过的多个不同的产品。表 7－4 实质上类似于表 7－3，区别是产品换成了顾客，产品特征换成了顾客特征。本质上，这两个表是一样的，都是特征数据构成的表格。

如果把表 7－1（或者表 7－2）和表 7－3（或者表 7－4）结合起来，就可以构成一个包含 X、Y、Z 的三轴立体图。你可以把表 7－1（或者表 7－2）中的顾客和产品想象成 X 和 Y 轴，而把表 7－3 中的产品和特征想象成 Y 轴和 Z 轴。这样，就构成了一个三维结构。如果把上述四个表格结合起来，就构成一个四维图形。因为在现实世界中通常用到的都是三维立体图，如果是多于三维的数据，就很难用图形来形象说明了。这时候通常就要用到向量（用带有方向和数值的量来表示）了。本书尽量用形象的数学来表示内容，我们暂时就想象到三维或者四维。

推荐系统依赖的数据类型用表 7-1 到表 7-4 基本就能代表了，所不同的只是具体的数据类型和具体的值。

为了便于后续计算，把上述 4 个表格所表示的数据抽象化。抽象化后的数据如表 7-5 所示：

表 7-5　推荐系统常采用的数据类型

	产品 ID、产品特征或顾客特征			
顾客或产品 ID	Column1	Column2	Column3	Column4
Row1	$value_{11}$	$value_{12}$	$value_{13}$	$value_{14}$
Row2	$value_{21}$	$value_{22}$	$value_{23}$	$value_{24}$
Row3	$value_{31}$	$value_{32}$	$value_{33}$	$value_{34}$
Row4	$value_{41}$	$value_{42}$	$value_{43}$	$value_{44}$
Row5	$value_{51}$	$value_{52}$	$value_{53}$	$value_{54}$

表 7-5 中最左侧一列，可以是顾客 ID 或者产品 ID。其余列则代表多个产品、产品的多个特征或者顾客（用户）的多个特征（背景信息或者行为信息）。表中的具体数值 value 可以是分类的（例如 1～n 对应 n 个类别），也可以是代表顺序的，或者是代表差别的，甚至是可以加减乘除的定比的数据。

取决于决策目标，有时各列的重要性相同，有时某些列更加重要，因此计算时各列的权重未必相同。如果权重不同，则需要通过训练数据拟合出最佳权重，这些都是我们在之前章节已经了解到的。

三、计算相似性的基本思想

推荐的思路说起来并不复杂。下面用甲、乙来代表顾客，用 A、B 来代表产品。如果根据顾客甲的反馈（无论隐性还是显性）知道他喜欢产品 A，那么向甲推荐与产品 A 类似的产品 B 即可。如果不知道甲的喜好（例如甲是新顾客，因此无反馈），但知道跟甲相似的乙的偏好，则只要按照乙的偏好向甲推荐产品即可。

上述过程中，我们需要完成两个任务，一是计算所有产品与产品 A

的相似性，二是计算所有顾客与顾客甲的相似性。因为表 7-5 的行代表产品或顾客，所以，我们要计算的就是表 7-5 的每一行和特定某行（对应产品 A 或顾客甲）之间的相似性。然后找出最相似的那一行。如果行对应的是产品，则最相似的那一行就是产品 B。如果行对应的是顾客，则最相似的那一行就是顾客乙。最后再从另外的表格中找出乙偏好的产品并向甲推荐即可。

计算相似性实际上就是计算两行之间的距离，本质是两行在多个维度（即多列）上的差异大小。最相似的两行就是距离最小的两行。下面先从计算两个维度的距离说起，然后过渡到计算在多个维度上的距离。

1. 计算两行两列的相似性

先以两个维度为例，看看如何计算两个顾客或产品的相似性。我们用图 7-3 来表示表 7-5 中前两行和前两列的数据。其中的 value 缩写成 V，而 A、B 则用于标注距离。

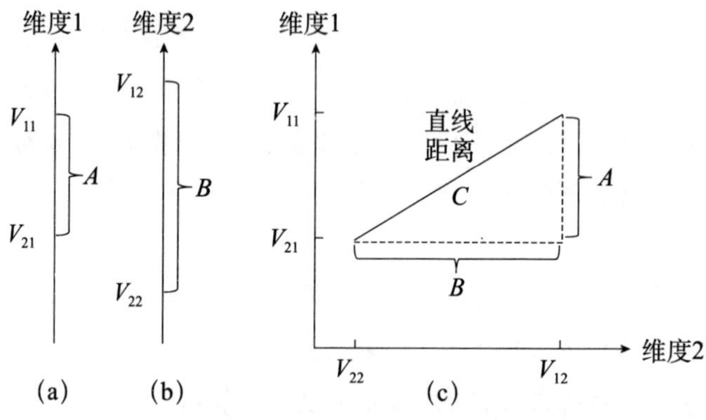

图 7-3 顾客或者产品在两个维度上的距离

从图 7-3 的（a）和（b）可以看出，在单一维度上，如果想计算两个顾客（或者产品）的距离，只要将这两个顾客（或者产品）在这个维度上的 V 值相减即可。寻找相似顾客或产品时，并不需要在意相似是从哪个方向（大或小）相似，因为，代表相似性的距离无所谓正负。我们可以用绝对值（即 A 或 $B=|V_1-V_2|$）或者用先求两者之差的平方再求平方根（即 A 或 $B=\sqrt{(V_1-V_2)^2}$）来解决。图 7-3 中的（a）和（b）两种情况都可以按照这个思路解决。

当需要同时考虑两个维度时，计算顾客（或产品）的距离有两种方法：一种方法是计算每个维度上的距离 A 和 B，然后把两者的和（即“$A+B$”）当作距离。另一种方法是计算顾客（或者产品）之间的直线距离，即计算图 7-3（c）图中的 C。也就是计算三角形的斜边的长度。按照三角形勾股定理的计算公式，有 $C=\sqrt{A^2+B^2}$。

2. 计算两行多列的相似性

表 7-5 的列对应现实中的维度（即产品特征或顾客特征）。当需要计算两个顾客（或者产品）在多个维度（即多列）上的相似性（即距离）时，可以按照与计算两行两列的相似性类似的思路。一种方法是计算每个维度上的距离，然后求和；另一种方法是借鉴但不完全按照求直线距离的思路，对每个维度上的距离差先求平方，再求平方根。前者的思路可以表示成式（7-1），后者的思路可以表示成式（7-2）。

$$\text{Distance}(i,j)=\sum_{k=1}^{n}\beta_k\,|V_{ik}-V_{jk}|=\sum_{k=1}^{n}\beta_k\sqrt{(V_{ik}-V_{jk})^2} \quad (7-1)$$

$$\text{Distance}(i,j)=\sqrt{\sum_{k=1}^{n}\beta_k(V_{ik}-V_{jk})^2} \quad (7-2)$$

公式中的 i 和 j 分别代表要计算距离的两个顾客（或者产品），也就是表 7-5 中的某两行。k 代表数据的维度，也就是表 7-5 中的某一列。公式中的 n 对应表 7-5 的列数。β_k 代表第 k 个维度的权重。我们可以根据经验给某个维度的权重赋值，或者通过已有训练数据拟合出 β_k 之后再用于实际计算。多数情况下都直接用 $\beta_k=1$ 来赋值，相当于没有 β_k 这个参数。

式（7-1）计算的是曼哈顿距离，式（7-2）计算的是欧几里得距离，还有个更为通用化的闵可夫斯基距离 $\text{Distance}(i,j)=\left[\sum_{k=1}^{n}(|V_{ik}-V_{jk}|)^r\right]^{\frac{1}{r}}$。因为本书的重点在于帮助读者理解，所以尽量不使用增加阅读负荷的新概念，读者不必在意这些概念或算法的来源。

有了 i 和 j 两个顾客（或者产品）之间的相似性，只要计算所有顾客（或者产品）与目标顾客（或者产品）的相似性，然后找出最相似（即距离最小）的那个，就可以据此进行推荐了。

四、实践中的复杂情况

多数情况下，我们都可以用式（7－1）和式（7－2）计算顾客或者产品之间的相似性。现实世界总是会有各种各样的情况出现，当某行数据偏大或者偏小（即数据膨胀），或者某列数据偏大或偏小（即数据量纲不同），或者行列中存在很多空白（即数据稀疏）时，用式（7－1）和式（7－2）计算出的相似性就会有偏差，需要区分情况做出不同的调整。

1. 数据膨胀

当表 7－5 中的数据是用户评分时，常常会出现某行数据偏大或者偏小的情况，这种情况称为“数据膨胀”。数据膨胀是因为顾客评分的尺度不同。例如，顾客甲为人大度，他给的所有评分都是 4～5 分。顾客乙则要求较高，他给的评分常常是 1～3 分。如果直接用式（7－1）或式（7－2）计算结果，所得出的相似行并不具备足够的区分度。

虽然甲对所有产品评价都挺高，但对于大家都觉得不好的产品，甲给的评价也相对低点。同样地，虽然乙对所有产品评价都不高，但对于多数人觉得好的产品，乙给的评价也相对高些。为了消除某行数据偏高或者偏低对结果的影响，可以对该行数据统一做出调整。例如，如果行和列分别对应用户和产品，调整的思路就是根据大多数用户在不同列上的差别，修订某个用户在所有列上的评价，类似于该用户的数据都增加或减少某个数。例如，对同样 4 个产品的评价，甲是［5，5，4，3］，而乙是［3，3，2，1］，乙对所有产品的评价都比甲低 2 分。则实际上甲、乙两人对这 4 个产品的评价是类似的。

式（7－2）是计算表 7－5 任意两行在多个维度上的距离。我们计算距离的目的其实是考察相似性。除了计算距离，还有其他考察相似性的方法，也就是计算两行数据（两个顾客或者两个产品）的相关系数。常用的方法是计算皮尔逊相关系数。这里之所以把名称列出来，是因为还存在其他的相关系数。

皮尔逊相关系数的计算是用两行数据的协方差除以标准差，计算公式如下：

$$r(i,j)=\frac{\sum_{k=1}^{n}[(V_{ik}-\overline{V_i})(V_{jk}-\overline{V_j})]}{\sqrt{\sum_{k=1}^{n}(V_{ik}-\overline{V_i})^2}\sqrt{\sum_{k=1}^{n}(V_{jk}-\overline{V_j})^2}} \tag{7-3}$$

式中，$\overline{V_i}$代表 i 这一行的各列数据的均值；$(V_{ik}-\overline{V_i})$ 计算的是第 i 行 k 列的值与该行所有列平均值的差值，其结果可正可负；$(V_{ik}-\overline{V_i})$ $(V_{jk}-\overline{V_j})$ 则代表 i 和 j 这两行在第 k 列上的值是同向（都大于或都小于平均值）还是反向（一个大于平均值，一个小于平均值）。同向的乘积就是正的，反向的乘积就是负的。为了避免 i 或 j 这一行的数值过大带来的影响，式（7－3）又把相应的方差作为分母。这样相除后，实际上得到的是百分比。这样就把各行数据相差过大（如果存在的话）的问题解决了。

如果直接用式（7－3）计算相关系数，每次计算 $\overline{V_i}$时都要遍历数据进行计算，效率不高。实际应用的时候，常常采用变形以后的算法，形式如下所示：

$$r(i,j)=\frac{\sum_{k=1}^{n}V_{ik}V_{jk}-\frac{(\sum_{k=1}^{n}V_{ik})(\sum_{k=1}^{n}V_{jk})}{n}}{\sqrt{\sum_{k=1}^{n}V_{ik}{}^2-\frac{(\sum_{k=1}^{n}V_{ik})^2}{n}}\sqrt{\sum_{k=1}^{n}V_{jk}{}^2-\frac{(\sum_{k=1}^{n}V_{jk})^2}{n}}} \tag{7-4}$$

式（7－4）虽然看着复杂，但 $\frac{(\sum_{k=1}^{n}V_{ik})(\sum_{k=1}^{n}V_{jk})}{n}$、$\frac{(\sum_{k=1}^{n}V_{ik})^2}{n}$、$\frac{(\sum_{k=1}^{n}V_{jk})^2}{n}$ 都是提前一次性就能计算好的。如果把这些一次性计算好的内容都用“$*$”代替，则式（7－4）就变成了：

$$r(i,j)=\frac{\sum_{k=1}^{n}V_{ik}V_{jk}-*}{\sqrt{\sum_{k=1}^{n}V_{ik}{}^2-*}\sqrt{\sum_{k=1}^{n}V_{jk}{}^2-*}}$$

这样计算起来会很快。本书的重点是说清楚解决各种实践问题的分析或者计算思路，以便于读者理解对应方法的思想。在实际计算时，还需要考虑计算的速度。例如，电商平台的推荐系统必须在极短时间内给出推荐结果，所以算法对应的响应时间就成了要满足的限制条件。实践中的很多算法都会在基本思路的基础上做些提高计算效率的针对性调整。

皮尔逊相关系数用的都是平均值、方差之类的简单数学计算，本身的道理也不复杂，但它要求两行之间存在线性关系，这并不完全适合所有的情况。基于评价计算顾客的相似性倒是没有问题。

2. 数据量纲不同

表 7-5 是一个从实际数据中抽象出的示意表，可以代表多种情况。例如，每行代表一个顾客，每列代表一个产品，就构成了不同顾客的“产品偏好表”。偏好可能来自顾客直接评价，也可能来自对顾客行为的折算。如果每行仍旧代表一个顾客，但每列代表顾客某方面的背景信息或行为信息，就构成了不同顾客的“静态信息表”。当然，也可以是每行代表一个产品，每列代表产品的一个属性或特征，这就构成了不同产品的“特征对比表”。

“产品偏好表”通常来自顾客评价或者行为折算，数据的范围比较一致，例如，多数都是 1～5 或者 1～10。如果是其他的表格，不同列的量纲可能不同，导致数据范围有很大区别，例如，顾客身高通常是 1.5～2.0 米，顾客月收入通常是 1 000～30 000 元，顾客行为次数可能从几十次到几百次，而产品特征则可能涉及重量、尺寸、色号等完全不同的量纲，数据范围变化更大。

如果直接用这些数据计算两行之间的距离，例如一列数字是 12 345，另外一列数字是 10，则只有数值大的列对结果有影响，数值小的列即便有变化，也不会对结果产生影响。在式（7-1）和式（7-2）中通过赋予不同的列不同的权重 β_k，修正了这种数值相差较大的影响。

除了使用权重 β_k 进行调整外，也可以直接在数据预处理的过程中先对各列数据进行归一化或标准化处理。归一化是把所有数据都转变成 0～1 之间的数字。这样就消除了不同列的数据大小带来的影响。标准化则是把数据转换成平均值为 0、方差为 1 的标准正态分布。其假设是绝大多数情况下，某个属性或特征的数值都服从正态分布。标准化后的数据没有区间限制，但服从正态分布。使用权重 β_k 需要提前用数据拟合出具体值才行，而进行归一化或标准化则有成形的方法，无须提前进行数据拟合。归一化的计算公式是：

$$V_{ik\_normal}=\frac{V_{ik}-\min(V_k)}{\max(V_k)-\min(V_k)}$$

式中，V_{ik_normal}代表归一化后的新数值；V_{ik}代表第 i 行 k 列的值；$\max(V_k)$ 代表第 k 列数值中的最大值；$\min(V_k)$ 代表第 k 列数值中的最小值。

归一化的公式看着复杂，其实思想很简单。公式的分母是某列最大值和最小值之间的差，分子是每个值和最小值之间的差。相除的结果就是“每一数值和最小值的差”占“最大差距”的百分比。简单来说就是把所有的数值都压缩到一个百分比区间内。另外，标准化的计算公式是：

$$V_{ik\_std}=\frac{V_{ik}-\mu}{\sigma}=\frac{V_{ik}-\text{mean}(V_k)}{\text{std}(V_k)}$$

式中，V_{ik_std}代表标准化后的新数值；μ 和 σ 分别是第 k 列所有数据的平均值和标准差。我们在第三章中演示过这两个数值的具体计算。实际工作中，各种编程语言都包含现成的 mean 和 std 函数，直接调用即可。

标准化的公式看起来更复杂，竟然带有正态分布的意味。其实其思想和归一化并没有多大区别。分母是标准差，代表的是第 k 列每个数值与平均值的距离的平均值。简单来说，就是把归一化分母中的最小值换成了平均值，把最大值换成每个数值。分母求的不是最大值和最小值之间的距离，而是所有值偏离平均值的距离的平均值。分子计算的是每个数值距离平均值的距离。两者相除后，标准化表达的就是“某个值偏离平均值的程度”占“所有值偏离平均值程度的平均值”的比例。它既可能小于 1 也可能大于 1。

3. 数据稀疏

虽然在表 7－5 中我们用 V_{ik} 表示行列交叉的每一个位置，但在实践中，并不是每个V_{ik}都一定有数值。表 7－1 和表 7－2 中，并不是每个顾客都对所有的产品有过评价或者行为。顾客看过或买过的产品也就几十个到几百个而已，相对于电商平台几十万个 SKU 而言太少了。如果每个产品都作为一列，那么代表某个顾客的那一行在多数列上都是空白的。同样，在表 7－3 中也并不是每一个产品都有某个特征。如果直接用这样的数据计算顾客或产品的相似性，很难得到有价值的结果。

遇到数据稀疏的情况时，往往需要计算两行的余弦相似性。你从概念上就能感受到，这是把两行数据当作两个向量（向量在多维空间上有方向和大小），计算两个向量之间的夹角。如果夹角小，这两行就相似一些，如果夹角大，就不相似甚至完全相反（如果夹角是 180°）。解释余弦相似性需要讲述三角形计算角度的算法，还要把数据解释成坐标，很难简简单单地说清楚。好消息是，皮尔逊相关系数的计算公式经变形后和余弦相似性的计算公式是一样的。我们可以简单理解为计算皮尔逊相关系数时，把所有的空白都填成了 0，然后用所有值减去平均值，道理与余弦计算类似。我们可以用皮尔逊相关系数来解决数据稀疏问题。

4. 异常值影响

除了上述三种常见的情况外，实际数据中还可能因为其他原因存在异常值。如果直接使用存在异常值的某行数据，则找出的相似顾客或产品肯定不对。在实践中，人们经常采用 K 近邻的方法，即求出最相似的 k 行（对应 k 个顾客或者产品），将这 k 个顾客或产品当作推荐的基础。这是为了避免单一相似顾客（或产品）隐含的误差，而找了 k 个相似的。相当于原来是找相似顾客，现在是找 k 个顾客组成的顾客群，然后根据顾客群的偏好来进行推荐。

K 近邻本身并没有新的算法，只是推荐时是基于顾客群而不是单一相似顾客。

第三节 垂直推荐：先后购买产品的推荐

第二节根据顾客或者产品的相似性讨论了产品推荐问题，分析过程中完全不考虑顾客购买的先后顺序。但在更复杂的情况下，即便计算出的是相似顾客或者相似产品，也需要按照顺序来进行推荐。第三节和第四节则讨论这种情况下的推荐问题。

一、有购买顺序的产品类型

顾客大多数情况下购买产品都没有先后顺序。例如，顾客今天买了件衣服，明天买了点零食，后天买了管牙膏。顾客购买这三种物品虽然时间上有先后，但实际并不存在一个固定的先后顺序。另外一个顾客完全可能按照相反的顺序购买，甚至买完了衣服后，很长时间内根本就不买牙膏或零食。这种情况下，我们很难根据顾客购买的前一个产品来推测他会购买的下一个产品。

另外，顾客购买的某些产品存在相对确定的先后顺序。例如，顾客会先买房、后装修、再买家具。这些行为具有相对明确的先后顺序。不过这已经可以通过销售人员的经验或者智慧来预测。

除此之外，还存在一些看起来并不那么明确的先后顺序。例如，买方和一个新的卖方打交道，刚开始购买的往往是一些低风险产品（例如，价格不高的产品）。随着买卖双方不断互动，买方对卖方及其产品更为了解，多次互动中卖方也没有亏待买方，卖方在买方那里逐渐积累起了信任。买方于是会开始从卖方那里购买风险高一些的产品，例如买方缺少经验的新产品或者万一出现问题损失较大的高价值产品。这时候，买方购买产品实际上有个逐渐“升级”的过程，先买低风险产品，再买高风险产品。例如，顾客和银行打交道，通常是先开储蓄账户，先存款，然后会办信用卡，后续会购买相对稳健的理财产品，再后续会购买风险更高的股票型理财产品。甚至因为对银行的信任，顾客会通过银行购买人寿保险。这些购买的先后顺序很难一眼看出，但实际上暗含着一条随信任增长所购买产品风险提高的主线。如果分析多个用户的购买历史，是有可能通过计算发现这个顺序并用于推荐决策的。

本节就针对这种并不明显的先后顺序来探讨如何通过数据进行预测。从简化定位的角度，本节的内容可以当作解决连带销售（cross-selling）中的产品推荐问题。f 企业希望顾客买了 A 产品后，将来还买 B 产品。企业当然可以一股脑儿地向顾客推荐所有产品，但一是效果不好，二是成本太高。吸引顾客关注企业是需要支付成本的。同时看到多个推荐产品，顾客也没有足够的精力来逐一了解。企业通常是预测顾客买了 A 产品以后，更可能购买其余产品中的哪一个，然后把这个成交可能性高的产品推荐给他。

本节以顾客和银行的交往为例进行分析。根据前面的分析，这种先后顺序并不局限于银行业，先后购买行为暗含的主线是风险和信任，这在很多行业是一样的。模型或者算法要解决的问题有两个：(1) 顾客购买了某产品后，会购买的下一个产品是什么？(2) 顾客什么时候会买我们预测出的下一个产品？

二、独立预测顾客要购买的下一个产品

为了预测顾客购买的下一个产品，首先要从企业的现有数据中提取相关数据，其次要建立一个合适的预测模型，再次用数据拟合出模型中的各种参数，最后才能用拟合出的模型预测顾客下一个产品会买什么。其中的关键是准备数据、模型拟合这两步。

1. 预测所需要准备的数据

预测的基础是顾客在某个时间节点前后都买了什么，也就是常说的 T 阶段数据和 $T+1$ 阶段数据。从数据颗粒度来说，需要的是顾客个体的购买行为数据，而不是顾客群的整合或累积数据。简单来说，所需的就是谁、什么时间、买了什么、花了多少钱。更通用的需求就是时间点和发生的行为。通常进行预测还需要一些其他方面的数据，例如人口统计信息。如果有企业在 T 阶段的营销活动数据，也应该考虑进去，这会影响顾客在 $T+1$ 阶段的购买行为。表 3-1 和表 5-1 是我们之前使用过的类似数据。

表 3-1 显示了单一顾客的行为信息，表 5-1 显示了多个顾客的背景信息。企业通常并不会直接存储表 3-1 和表 5-1 这样的表格，实际存储的通常是按照时间排序的所有顾客的行为。到用的时候，企业需要从数据库中挑出单一顾客的行为构成表 3-1。

如果企业留存有营销数据，则留存的数据内容通常如表 7-6 所示：

表 7-6　企业可能留存的营销数据

时间	顾客ID	姓名	形式	内容标签	内容全文	状态	顾客响应	响应行为 ID
……	……	……	……	……	……	……	……	……
2019/3/26 21:26	1234	zqs	短信	促销信息	……	成功	……	1800011
2019/3/31 19:26	1369	wst	微信	软文	……	成功	……	8645263
2019/4/8 18:16	2345	lzh	外呼	提醒	……	成功	……	5494481
……	……	……	……	……	……	……	……	……

表 7-6 中的第八列通常是和另外的数据表拼合后形成的。例如，如

果顾客在表 3－1 中有购买行为，则对应表 7－6 第八列"顾客响应"就是"购买"，相应地也会有一个与"购买"对应的响应行为 ID。

有了类似表 3－1、表 5－1 和表 7－6 的数据，我们就可以采用某种预测模型对数据进行分析了。

2. 模型拟合

预测的基本思路是计算顾客购买每个产品的概率，然后选择购买概率最高的产品向顾客推荐。

之前介绍过多种模型用于预测顾客的购买概率，这里就用式（6－5）来解决问题，如下所示：

$$P_r(y_i=1)=\frac{1}{1+\mathrm{e}^{\sum_k \beta_k X_k+\varepsilon}}$$

根据本章的任务，我们对模型稍加修改，新的公式如下所示：

$$P_r(\text{顾客 } i \text{ 购买产品 } j)=\frac{1}{1+\mathrm{e}^{-\sum_k \beta_{ijk} X_{ijk}+\varepsilon}} \tag{7-5}$$

式（7－5）等号的左侧表示概率，取值 0～1。式（7－5）表达的是顾客 i 下一次购买产品 j 的概率，这里用 i 代表数据中的任一顾客（表 5－1 和表 7－6 的数据中都包含多个顾客），用 j 代表数据中的任一产品（表 3－1 包含多个产品），k 对应表 5－1 或者表 7－6 中的某一列，代表影响顾客购买的某个因素。

式（7－5）等号的右侧分母含有 $\mathrm{e}^{-\sum_k \beta_{ijk} X_{ijk}+\varepsilon}$，其中 X_{ijk} 代表第 k 列的数据用于预测顾客 i 购买 j 产品的概率。实际计算时，程序会读取表 3－1、表 5－1 和表 7－6 那样的数据，然后基于多列（当作多个维度），计算每个顾客购买每个产品的概率。最终计算出来的购买概率最高的那个产品，就是应该向顾客推荐的产品。

最初阶段需要拟合（就是计算）参数 β_{ijk} 时，T 阶段的数据已经显示顾客购买了哪些产品，也就是已经知道了购买概率最高的产品是哪一个。计算机程序要找到一套 β_{ijk} 参数组合，使得 i 顾客购买 j 产品的概率最高（常常采用的是最大似然估计法）。更复杂的情境下，只有当顾客购买产品 j 的概率超过某个阈值时（即 P_r(顾客 i 购买产品 j）$>\text{Threshold}_{ij}$），顾客才会购买产品 j。阈值 Threshold_{ij} 可以是随顾客 i 和产品 j 变化的数值，可以是第三章提到过的某个概率分布，可以用当时提到的类似方法估计。

三、已购买产品对未来购买产品的影响

我们可以使用式（7－5）这样的方法，独立计算顾客购买每个产品的概率。虽然也可以按照此思路计算顾客在电商平台上购买的所有产品，但实践中我们很少这样做。这是因为：第一，实际上未必存在这样的先后顺序（例如第二节水平推荐针对的情况）；第二，电商平台上的产品数量过多（通常有几十万个 SKU），计算既耗时，得出的结论也不稳定。不过，如果聚焦于电商平台上的某个店铺或者线下某个企业，会发现它们实际销售的产品（或者产品类别）并不多。正如图 7－1 所示，视角不同时，观察顾客购买行为的层次也会不同。例如，可供顾客挑选的产品很多，但从品牌角度来看数量就要少很多；如果从品类角度来看，可供挑选的品类数量就更少了。切换到图 7－1 更靠右侧的视角来分析顾客的购买行为，即便预测的精度到不了产品层级，至少也有助于判断顾客要购买的品牌或者品类。

本节关注的重点是预测顾客购买某产品 m 以后，下一步购买产品 j 的概率。其中 m 和 j 代表产品集合 set 中的任一产品，即 m 和 j 都属于集合 set（$m\in$ set，$j\in$ set）。m 和 j 代表同属于产品集合的两个产品，有时甚至可以是同一款产品（即买过某产品以后再次购买该产品）。

原文①作者采用了一个称为概率比（odds ratios，OR）的指标来衡量这种产品购买的先后关系。这个指标在不同专业领域（例如，医疗、统计等）有不同的名称，使用那些名称容易引起误解，所以这里就用概率比这个直白的叫法。OR 的定义如下：

$$\text{OR}=\frac{P_r(\text{顾客 } i \text{ 购买产品 } j \mid \text{顾客已经买过产品 } m)}{P_r(\text{顾客 } i \text{ 购买产品 } j)}$$

上述公式的分子和分母都是根据式（7－5）计算得出的。分子的含义是顾客买过产品 m 后再购买 j 产品的概率，它是个条件概率。分母是顾客没有买过产品 m 直接购买 j 产品的概率。

---

① KNOTT A，HAYES A，NESLIN S A. Next-product-to-buy models for cross-selling applications. Journal of Interactive Marketing，2002，16（3）：59－75.

实际计算时，并不直接计算分子的条件概率，而是把所有顾客分成买过产品 m 和没有买过产品 m 两类，然后把两类顾客购买产品 j 的概率相除即可。如果 OR>1，即P_r(顾客 i 购买产品 j | 顾客已经买过产品 m)>P_r(顾客 i 购买产品 j)，这意味着顾客购买产品 m 之后购买产品 j 的概率有所提升，也就是购买产品 m 带动了购买产品 j。反之，如果 OR<1，意味着购买产品 m 对购买产品 j 有妨碍。

如果企业的目标是销售产品 j（这往往是因为产品 j 利润高或者是对企业未来更有价值的战略性产品），那么，当 OR>1 时，企业应该先向顾客推荐产品 m，这比直接推荐产品 j 更容易成功；当 OR<1 时，企业应该直接向顾客推荐产品 j，甚至为了售出产品 j 而阻止顾客购买产品 m。当然，这里说的是决策的方向，具体的推荐行为和阻止行为的力度，还要看 OR 的值。以 1 为分界线，OR 越大，越要首先推荐产品 m；OR 越小，越要尽力阻止顾客购买产品 m。

为了便于读者理解并应用于企业的业务场景，这里复制了原始论文用银行业务生成的数据表，如表 7-7 所示。原文中的产品对应关系如下：A. 基本支票账户；B. 超过一定额度的支票账户；C. 基本储蓄账户；D. 超过一定额度的储蓄账户；E. 定期存款。因为中美两国银行体系不一样，中国的银行并不存在对私的支票账户，读者可以按照一类账户和二类账户之类的逻辑理解表中的数据。本书的目的不是介绍银行业务之间的前后关系，我们更多地关注计算逻辑就行了。特别说明一下，A、B、C、D、E 并不代表任何顺序含义，你把它们当作某个随便赋予的代号即可，就类似于张三、李四、王五、赵六。

表 7-7　产品购买顺序先后导致的概率比 OR

	产品 j				
先买的产品 m	A	B	C	D	E
A	**2.16**	0.66	**2.29**	0.73	0.36
B	0.68	**2.66**	**1.55**	**1.48**	0.69
C	**1.67**	1.09	0.83	0.96	**1.36**
D	**1.47**	0.12	0.3	**2.54**	**1.66**
E	0.63	0.45	0.44	0.51	**4.94**

表 7-7 突出显示了大于 1 的 OR 值，如果产品 E（原文中是定期存款）是企业的重点业务，那么首先应该向已经有定期存款 E 的客户推荐新的存款业务（OR=4.94），其次应该向具有超过一定额度储蓄账户 D 的客户推荐（OR=1.66），最后应该向其他开设有基本储蓄账户 C 的客户推荐（OR=1.36）。如果客户已经开设了支票账户（A 或 B），则向他们推荐定期存款的成交概率反而会下降，还不如一开始就直接向他推荐。这里重复原文的结论只是为了便于读者理解 OR 的应用和式（7-5）计算结果的含义。中美两国情况不同，结论未必有价值。

四、把前一个产品的购买时间纳入考虑

表 7-7 显示的结果结合一些行业特点和业务知识，已经能够帮助企业理解顾客购买产品时隐含的一些先后顺序。除此之外，企业在未来某段时间（例如几周或一个季度）开展营销活动时，还想知道应该瞄准哪些顾客。精选高成交潜力顾客既有助于节省营销费用也能减少对其他顾客的营销打扰。在一些营销推送受到严格管制的地区，减少打扰甚至比节约营销费用更为关键。这两种情况下，计算顾客的成交概率时，不仅要考虑产品，还要考虑顾客的购买时间段。

要找出未来一定时间内最可能购买主推产品（例如高利润产品）的顾客，既需要知道有助于提高主推产品成交率的前置产品是哪一个，也需要知道顾客在未来一定时间内购买前置产品的概率。如果顾客未来一定时间内（例如一个季度）购买前置产品的概率很低，那么无论他购买前置产品后购买主推产品的概率有多高，因为购买前置产品这件事情很难发生，购买主推产品就成了无源之水、无本之木。上述过程可以按照条件概率的思想进行表述。事件 P（previous）代表顾客未来一定时期内会购买企业某产品，核心是会购买而且要在一定时期内发生。事件 N（next）代表顾客下一个购买的是主推产品。那么，在营销期间内，顾客最终购买主推产品就需要事件 P 和 N 都发生，也就是顾客既要买前置产品（事件 P），买了前置产品后还要买主推产品（事件 N）。用概率表示即：

$$P_r(\text{previous} \,\&\, \text{next}) = P_r(\text{previous}) \times P_r(\text{next} \mid \text{previous}) \tag{7-6}$$

式中，P_r(previous & next) 代表事件 P 和 N 都发生的概率，也就是营销期间顾客会购买主推产品；P_r(previous) 是顾客购买前置产品的概率；P_r(next | previous) 是顾客购买了前置产品后购买主推产品的概率。我们用式（7－5）能计算出产品 m 的P_r(previous)。通过把顾客分成买了产品 m 和没有买产品 m 两类，然后分别计算其购买产品 j 的概率。其中，买了产品 m 的那些顾客购买产品 j 的概率就是 P_r（next | previous)。m 和 j 只是表述时用的产品编号，其实需要针对所有的产品用式（7－5）计算一遍。

我们可以依托式（7－6）回顾成交条件。营销活动要带来实际销量（即活动期间内顾客最终购买了主推产品），既需要顾客购买前置产品后购买主推产品的概率高（从表 7－7 能够知道的），还需要顾客在营销期间（例如一个季度）购买前置产品。如果顾客在此期间购买前置产品的概率很低，那么即便后面的概率很高，两者相乘后，总体的概率仍旧不高。

道理清楚了以后，我们首先要计算顾客在一定时期（即时间 t）内购买前置产品的概率。企业通常有整个顾客群的购买概率（即一群顾客中有多大的比例会购买），可以以此为基础，考虑每个顾客的个体特点（表 5－1 那样的数据），计算出每个顾客在时间 t 的购买概率。

我们可以借用式（6－6）来计算顾客不购买的概率，用 1 减去这个不购买的概率就得到了购买的概率。式（6－6）如下所示：

$$\lambda(t;X)=\lambda_0(t)^{\beta X}$$

不必拘泥于式（6－6）原来要解决的问题和所有的符号，只需理解计算的逻辑即可。最初的比例风险模型使用的符号是 $H(t;\ X)=H_0(t)^{\beta X}$，$H$ 是 hazard（即风险）的缩写。$H(t;\ X)$ 原意是有特征 X 的顾客在时间 t 内流失的风险。特征 X 对应表 5－1 和表 7－6 中的那些列。式（7－5）引入这些代表特征 X 的列，计算了顾客最终会购买产品 j 的概率，但是没有告诉我们这个“最终”要经历多长时间。采用式（6－6），我们还是用这些列，但引入了时间 t 以后，就能知道顾客在时间 t 内购买的概率了。$H_0(t)$ 是顾客流失（即不再购买）的基础概率，与某个顾客有关的 X 通过在指数位置即 $H_0(t)^{\beta X}$施加影响最终形成该顾客个体的流失概率 H

$(t; X)$。流失的概念界定就是“在时间 t 内没有发生购买行为”。那么“$1-H(t; X)$”就是顾客在时间 t 内购买的概率，也就是顾客在时间 t 内的 P_r(previous)。

有了顾客在时间 t 内的 P_r(previous) 和 P_r(next | previous)，按照式(7-6)自然能够计算出顾客在时间 t 内的 P_r(previous & next)。t 可以根据营销活动的计划，例如一个月或者一个季度来设定。

有了每个顾客在未来时间 t 内的购买概率，就可以按照购买概率的高低，将顾客进行排序，然后针对购买概率高的顾客先开展营销活动。这里的营销活动泛指各种市场推广活动，可以是电话呼叫、发短信、推送公众号文章、提供促销折扣等各种具体操作。具体是针对购买概率高的前 5%还是前 10%、25%或者 50%，取决于企业在这方面的营销预算和对活动响应率的要求。这是个管理决策问题，而不是模型计算的问题。当然，企业可以用另外的模型计算什么样的投入产出比对企业最优，以此来辅助管理决策。这属于另外要解决的问题，不是本章的关注点。

第四节　垂直推荐：量化前后购买产品之间的距离

我们在第三节弄清楚了顾客购买产品的先后顺序，理解了实践中需要按照一定的顺序向顾客推荐产品。顺序推荐比同时向顾客推荐多个产品或一开始就向顾客推荐主推产品有了很大的改进。

服从于业务发展的需要，企业有时会有几款主推产品。它们与需要顾客首先购买的产品（前置产品）之间同样存在后置关系。后置产品与前置产品之间的距离并不总是一样的，会随着产品的不同而变化。这里的距离也许是顾客购买后置产品与购买前置产品之间的时间间隔，也许是顾客心理成熟度的改变程度，也许是顾客风险承受力的提升程度。本节从前后产品的距离角度，探讨推荐后置产品要跟顾客购买前置产品保持的最小距离。

一、购买产品先后之间存在距离的简化例子

在第三节我们知道了顾客购买产品存在先后顺序，但并不清楚这个先后之间的距离。在实践中，顾客的需求有一个自然的演变过程。向顾客推

荐的产品要尽量与他当时的需求同步。推荐的产品与顾客需求越接近，顾客购买的概率越高。第二节介绍水平推荐的时候，我们更多的是考虑产品与顾客偏好的相似度。这类似于要向四川人推荐麻辣菜品。本节考虑距离的时候，更多的是考虑产品与不断变化的需求的匹配度，这类似于要等从外地迁入四川的人居住几年以后才向他们推荐麻辣菜品。

我们用个稍微复杂点的例子来说明情况。后面还会提到这个例子，为便于读者理解将这个例子命名为“例子 7－1”。如果观察某个顾客的购物历史，发现她过去几年间先后购买过下列产品：t_1. 婴儿床；t_2. 婴儿尿布；t_3. 奶粉；t_4. 声响玩具；t_5. 学步车；t_6. 亲子课程；t_7. 周边游；t_8. 舞蹈培训班；t_9. 书包；t_{10}. 文具等。其中有些产品是重复性购买，另外一些产品只购买过一次。我们按顺序给每个产品编了号，假设每个编号对应一个时间点（用t_j来表示）。

大致观察和思考一下顾客购买产品的变化，多数人都能猜出这是家长在根据孩子的成长阶段，购买其当期需要的产品。t_1 和 t_2 是婴儿需要的产品，而 t_{10}是要上小学的孩子需要的产品。家长是在根据孩子的成长选择匹配的产品。孩子的成长是个变化的过程，而产品本身是固定不变的。即 t_1 始终是婴儿阶段的产品，而 t_{10}始终是上学所需的产品。产品的位置（即它所满足的需求）并不因为孩子的成长而发生变化。所以，多个产品和多个成长阶段之间的匹配，实际上是个成长阶段在变而产品固定的过程。

上述过程中，如果需要推荐产品，则所推荐的产品要与顾客的当期需求匹配才行。注意，产品本身的定位并没有变化，应该推荐跟孩子所处的阶段最接近的产品。这可以想象成一个人坐在行驶着的汽车上，伸手去抓路边离得最近的物品（这个例子标注为“例子 7－2”）。物品是沿道路放置的，位置始终没变，但车在动，导致每次离人最近的物品不断变化。顾客第一次（即t_1）购买的时候，向其推荐奶粉，距离是 $t_3-t_1=2$；如果推荐的是文具，距离是 $t_{10}-t_1=9$。例如，在孩子小的时候，家长看到奶粉广告有可能买奶粉，但看到文具广告时购买文具的可能性就很小。这跟产品好坏无关，而跟广告和顾客需求的匹配度有关。

例子 7－1 是个有代表性的一眼就能看明白的例子。现实生活中的很多事情不像这样一目了然，但背后的道理是一样的。

二、量化购买产品先后距离的核心思想

我们现在用论文①中的实际数据，用线段的形式来抽象化表示例子 7 - 1 所代表的情景。线段的图示如图 7 - 4 所示：

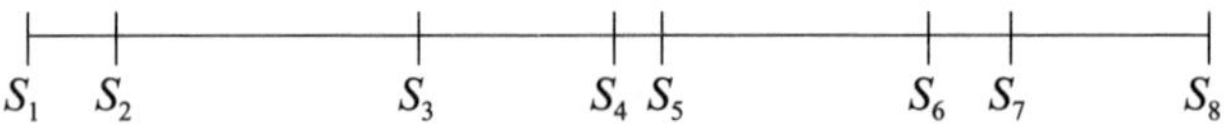

图 7 - 4　不同产品对应的需求成熟度位置

图 7 - 4 用S_j代表不同的产品（或服务）。本来可以P_j来对应不同的产品（product），但为了跟后续公式中的概率（probability，常缩写为 P 或 P_r）符号明显区分开，这里用 S_j 来代表不同的产品。论文原文用的是银行的业务数据，$S_1 \sim S_8$ 分别对应支票账户、储蓄账户、借记卡、信用卡、分期贷款、存款、基金、证券。我们也一样可以用 $S_1 \sim S_8$ 对应例子 7 - 1 中的婴儿床、婴儿尿布、奶粉、声响玩具、学步车……

我们从例子 7 - 1 能够感受到，现实世界中应该存在类似于图 7 - 4 这样的情况，即不同产品存在一个相对位置，产品之间的间隔也许不是等距离的。在最初阶段，我们只是把每个S_j（对应 $S_1 \sim S_8$）随意放在了图 7 - 4 线段上的某个位置。每个产品 S_j 最终的位置需要用数据拟合出来。

图 7 - 4 的线段长度意味着什么目前还不能确定，可能是时间，可能是购买次数，还可能是购买金额。也就是说，如果就按照每个S_j在图 7 - 4 中的位置，那么顾客从购买 S_2 到购买 S_3 所需经过的距离，超过了从购买 S_1 到购买 S_2 的距离，但这个距离代表什么还不知道。有可能从 S_1 到 S_2 要经过 1 个月，而从 S_2 到 S_3 要经过 3 个月。或者顾客购买 S_1（也许是婴儿床）1 次后，就会购买 S_2（例如婴儿尿布），但需要购买 3 次尿布后才会购买 S_3（可能是奶粉）。我们能确定所有S_j都分布在图 7 - 4 线段上的某处，但目前确定不了具体的位置。

以一个顾客为例（这样就不需要用 i 来代表顾客，可以在使用符号时

---

① LI S, SUN B, WILCOX R T. Cross-selling sequentially ordered products: an application to consumer banking services. Journal of Marketing Research, 2005, 42 (2): 233 - 239.

简化掉一个下标“i”)，我们回想一下例子 7－2，顾客坐在汽车上拿路边的东西。某个时刻 t 顾客有相应的需求成熟度（demand maturity，即 DM_t），当 DM_t 越接近 S_j 所处的位置，购买的可能性越大。我们可以用 DM_t 和 S_j 之间的距离来表示这种接近程度。我们在第二节已经知道有各种衡量距离的方法。这里就用简单的一维直线距离来衡量，即 $|DM_t-S_j|$。

量化购买产品先后距离是本节的重点。为了说明思路，目前就先假设该顾客是否购买某产品只跟 $|DM_t-S_j|$ 有关。我们用效用（utility，缩写为 U）来简化代表 $|DM_t-S_j|$，即 $U_{jt}=|DM_t-S_j|$。其中 U_{jt} 代表时间 t 该顾客需求成熟度（就是例子 7－2 中汽车的位置）和产品 j 之间的距离。那么按照式（7－5）表达的思想，当固定住时间 t 时，顾客购买产品 j 的概率如下所示：

$$P_r(\text{购买产品 } j)=\frac{1}{1+e^{-\sum\beta_j U_j+\varepsilon}} \tag{7-7}$$

顾客选择购买 $S_1 \sim S_8$ 中的哪个产品，不仅取决于顾客当前位置与该产品的距离，还取决于顾客与其他产品的距离。所以，式（7－7）的分母把顾客与每个产品的距离（即 U_j）都考虑进去，因此才需要 $\sum\beta_j U_j=\beta_1 U_1+\beta_2 U_2+\cdots$。按照这个思路，就能用式（7－7）计算出顾客购买产品 S_j 的概率，即 $P_r(S_1)$、$P_r(S_2)$、$P_r(S_3)$ ……如果顾客在时间 t 只购买一个产品，那么就会买 $P_r(S_j)$ 最大的那个。

看起来我们已经把问题解决了。实际上，整个流程是我们先有一些已知的数据（顾客的特征、行为和顾客购买了什么产品），然后用这些数据拟合出 β_j 和 U_j（即 $|DM_t-S_j|$）。也就是说，我们还需要知道某个顾客的 DM_t 和与顾客完全无关的 S_j。有了这些以后，我们才能用式（7－7）去预测其他顾客购买产品 j 的概率。注意，为了突出重点和简化问题，在刚才分析的过程中，针对的是一个顾客在某一时间的情况，所以在式（7－7）中没有用到代表顾客的下标 i 和代表时间的下标 t。

三、量化购买顺序之间距离的常用数据

量化购买顺序之间的距离并不需要什么特殊的数据，仍旧是用表 5－1、表 7－6 那样的数据。通常包括不随时间变化的静态信息（例如顾

客的背景信息）、随时间变化的动态信息（例如顾客的行为）和行为结果信息（例如买了什么产品）。静态信息、动态信息具体包括什么，往往随着行业特点有所不同。本节引用的论文中，案例企业有经市场调查获得的信息（包括顾客在过去半年中是否注册有竞争对手的账户、对本企业的满意度如何），也有顾客的背景信息（例如教育程度和收入），还有顾客的行为信息（累计购买次数、在企业存储或者花费的金额以及与企业保持关系的时间长度）。这些数据看起来并没有什么特殊之处，但都可以用于解决预测问题。

以论文原文所用案例（银行业）为例，顾客购买某产品获得的效用U_j除了跟其需求成熟度与产品之间的距离有关外，还受到顾客对企业的满意度、顾客对竞争对手的了解程度和顾客的转换成本影响。因此，原文计算效用U_j采用了如下公式：

$$U_{ijt} = \beta_i \mid \mathrm{DM}_{i(t-1)} - S_j \mid + \gamma_{1ij}\mathrm{COMPET}_i + \gamma_{2ij}\mathrm{SAT}_i + \gamma_{3ij}\mathrm{SWIT}_{it} + \varepsilon_{ijt} \tag{7-8}$$

式（7-8）中，U_{ijt}代表顾客i在第t期购买产品j可能获得的效用，$\mathrm{DM}_{i(t-1)}$表示上一期末（即第$t-1$期）的需求成熟度。为了避免误解，额外增加了一个括号，即（$t-1$）。COMPET_i是个0-1变量，代表顾客是否在竞争对手那里注册有账号。SAT_i代表顾客对本企业的满意度评分。SWIT_{it}则代表顾客转向竞争对手那里的转换成本，原文是将教育和收入作为判断指标，认为教育程度高和收入高人群时间宝贵，转换的可能性下降。原文用的是0、1来对SWIT_{it}进行赋值。如果使用教育程度或收入高低的排序数据，则又可以与满意度评分一起考虑。

应用于其他行业时，可以认为构成效用U_j的主要因素是内因，即顾客本身的成熟度与产品的距离。除此之外，还存在其他的调节因素。例如，如果顾客对本企业不满意，则效用就会打折扣；如果顾客对竞争者更满意，会影响对本企业的满意度。顾客对竞争者满意的前提是顾客也在使用竞争者的服务（例如也注册有竞争者的用户账号或者也有下载竞争者的App）。竞争者促销信息等也会产生影响。根据行业经验能够判断哪些因素会影响效用，然后，主要取决于企业现在存有哪些数据，可以从数据入手考虑哪些因素会影响效用U_j。如果只看原文所用的变量，会让人感觉有些奇怪，但如果考虑数据的可获得性，就能明白为什么原文采用那些变量了。

式（7－8）中的 SAT_i 只跟顾客有关，与产品 j 无关。因为原文用的是一次性的调研数据，所以，也跟时间 t 无关。既然满意度 SAT_i 涉及企业而跟产品无关，从道理上我们也可以把这一项作为一个系数，合并到 β_i 的位置。$COMPET_i$ 和 $SWIT_{it}$ 都是 0－1 变量，所以不能合并到 β_i 的位置。

顾客的需求成熟度很难直接判断。原文使用间接预测的方法，即采用一些非直接的隐含指标来衡量。例如顾客使用产品次数多、在企业花费金额高（如在银行账户里存的钱多）和企业交往时间长等。这一方面代表顾客更加信任企业（跟企业交易的风险感降低），另一方面也隐含着顾客本身逐渐成熟。因此，原文用这些数据来计算顾客的需求成熟度 DM。因为没有当期数据，所以用截至前一期末的数据，即 $DM_{i(t-1)}$。

$DM_{i(t-1)}$ 无法直接观测到。我们可以回想例子 7－2 提到的人坐在行驶的汽车上的比喻，虽然无法直接观察到那个人目前到了哪里（即目前的需求成熟度 DM_{it}），但可以根据他之前到了哪里来做出判断。如果顾客买了某产品 S_j，那么他的需求成熟度应该距离那个产品不远。所以，我们可以用顾客在前一期即第 $t-1$ 期买过哪些产品来做出判断。因此，原文把顾客持有的银行产品都考虑了进去，计算一个累积的值。原文采用的计算公式如下所示：

$$DM_{i(t-1)} = \sum_{j=1}^{J}[D_{ij(t-1)} S_j(\lambda_1 BN_{ij(t-1)} + \lambda_2 BAL_{ij(t-1)} + \lambda_3 Day_{ij(t-1)})] \tag{7-9}$$

式（7－9）等号右侧的 $D_{ij(t-1)}$ 是个 0－1 变量，代表用户 i 在第 $t-1$ 期（即上一期）是否购买了产品 j。如果没买，即 $D_{ij(t-1)}=0$，可以理解为上一期距离产品 j 很远；如果买了，即 $D_{ij(t-1)}=1$，则 $D_{ij(t-1)}S_j=1\times S_j=S_j$。$\sum_{j=1}^{J}[D_{ij(t-1)}S_j]=D_{i1(t-1)}S_1+D_{i2(t-1)}S_2+\cdots$。看起来虽然考虑了所有的产品，但其实只有买了的那个产品才对结果有影响，没买的产品 $D_{ij(t-1)}S_j=0$，则对结果没有影响。

不同顾客之间或者不同产品之间，顾客购买的次数、金额、与企业保持关系的时间长度并不相同。因此，式（7－9）又通过（$\lambda_1 BN_{ij(t-1)} + \lambda_2 BAL_{ij(t-1)} + \lambda_3 Day_{ij(t-1)}$）把这些因素也考虑了进去。$BN_{ij(t-1)}$代表顾客 i 截至第 $t-1$ 期一共购买了多少次产品 j。$BAL_{ij(t-1)}$代表顾客在产品 j 上的每月账户余额（原文研究的是银行业）。$Day_{ij(t-1)}$则表示顾客从开户到目前持有产品 j 多少天。购买次数对所有行业都类似，账户余额可以用购买总金额替代，毕竟花的钱越多，顾客的决策风险越大，顾客对企业越信任。维持账户多少天则可以考虑为顾客和企业保持交易至今有多少天。三者综合起来，即考虑了购买次数、购买总金额和保持交易的总天数，这是所有行业都用得上的特点。实际上，我们不必拘泥于原文采用了哪些指标，而是要考虑哪些因素影响顾客的需求成熟度，同时再看企业存有哪些相关数据。为了避免不同变量的量纲不同导致的影响，例如购买 10 次，而账户余额可能是 100 万元，可以对所有数据采用归一化或者标准化处理。

四、先后距离思想的应用拓展

我们在本节中认为顾客先后购买的产品之间存在某种距离，该距离受到需求成熟度的影响。随着顾客需求成熟度的变化，外界可以观察到顾客购买的产品也在发生变化。实际上，顾客不仅在产品上存在需求成熟度，在其他领域也存在类似的成熟度。

企业运营不同渠道（可能是购买渠道或沟通渠道）的成本不同，顾客在不同渠道上的消费金额和贡献的利润也可能不同。例如，运营自助渠道（银行业的取款机、App 或微信小程序）的成本低于人工渠道（实体店、网点、呼叫中心），企业因此常有把顾客迁移到自助渠道的动力。另外，企业如果认为顾客在线上购物的总金额高于线下店面，会同样希望把线下的顾客吸引或拓展到线上渠道。例如，线下的物美超市采用多点 App 把顾客拓展到线上，线下的盒马鲜生通过店面建立顾客信任，然后通过 App 把顾客吸引进盒马云超上。

虽然某些渠道确实从成本或利润上会优于另外一些渠道，但最终把顾客吸引到这些渠道并不意味着一开始向顾客推荐这些渠道就能成功。顾客的渠道偏好同样存在某种成熟度，例如信任成熟度或使用习惯成熟度。这都需要渠道迁移有一个先后顺序和过程。

其他事情也是同样的道理。例如，顾客要先用美团 App 骑 n 次共享单车，才会用它订餐；订餐 m 次后，才会用它买景点门票。或者，顾客会先用高德地图查询若干次路况后，才会用它来打车，又经过若干次打车，才会用它来订酒店。

本节为量化这种先后顺序之间的距离提供了一种思路和可用的模型。具体采用哪些数据，既取决于企业存储了哪些方面的数据，也取决于渠道成熟度方面的思想要考虑的影响因素。我们可以采用与产品成熟度类似的变量，但应根据渠道的特征进行适当的变通。

附录 1　拟合概率分布的工具

想知道代表顾客行为的数据符合哪种概率分布，除了根据管理经验（business insight，业务洞察）直接选择，还可以从数据本身出发，通过现成软件或者写程序代码来实现。

一、用现成软件包拟合数据的概率分布

如果只是要判断数据服从哪种分布，最简单的办法是直接采用现成的软件来处理数据。有若干现成的软件可以直接根据数据拟合出概率分布，例如：

（1）Minitab：细节参看“http：//www. minitab. com/”。

（2）SPC for Excel：细节参看“https：//www. spcforexcel. com”。

（3）EasyFit：细节参看“http：//www. mathwave. com”。

二、用 Python 程序拟合数据的概率分布

我们也可以用某种编程语言，调用写好的函数（或程序包），判断数据是否符合某种分布。程序包实际上就是写好的程序模块封装成有接口的 package，所以叫“包”。其核心思想是尝试多种分布，最后选择标准差最小的分布，将其当作数据的分布。

不同语言可用的程序包不同，例如，R 语言的 fitdistrplus①，Python

---

① DELIGNETTEMULLER M L，DUTANG C. Fitdistrplus：an R package for fitting distributions. Journal of Statistical Software，2015，64（1）：1 - 34.

语言的 scipy. stats。后者的细节可以参见“https：//docs. scipy. org/doc/scipy/reference/stats. html”，其大约包含 84 个连续型分布、12 个离散型分布。我们可以调用其中的“scipy. stats. kstest（ *)”，在 * 位置指定一个分布并尝试即可，也可以调用“scipy. stats. anderson（x，dist='norm')”，在 dist 中指定某种概率分布并逐一尝试即可。

注意，kstest（即 Kolmogorov-Smirnov 检验）或 CvM test 和 anderson（增强版 kstest）只适用于连续和定量数据。离散数据需要用对应的检验方法，本书不是专门介绍判断概率分布的书，不在这些方面展开更多。如果只想检验数据是否符合正态分布，可以使用 scipy. stats. normaltest 这个专门用于正态性检验的模块。

笔者把自己常用的一段筛选常见概率分布的 Python 代码复制如下，供读者参考：

```
from fitter import Fitter
common = ['alpha', 'betaprime', 'cauchy', 'chi2', 'dweibull',
          'expon', 'exponpow', 'gamma', 'lognorm', 'norm', 'powerlaw']
f = Fitter(data_list, distributions=common)
f.fit()
display(f.summary())  # 这是一个dataframe
display(f.get_best())  # 这是个dict
# 程序运行到这里，会自动画个图展示一下。
```

附录 2　预测重复性行为和顾客价值的工具

第三章解释了预测重复性行为的思想，第四章解释了计算顾客价值的思想。当需要把这些思想应用于分析实际数据时，可以使用写好的程序包。

程序包的名称是 Lifetimes，截至 2021 年 4 月，最新版本是 Lifetimes 0.11.3，可以从以下地址下载：https：//pypi.org/project/Lifetimes/。

程序是用 Python 语言写的，解压后 lifetimes 文件夹下最主要的文件夹有两个：一个是 datasets 文件夹，包含了几个 csv 格式的样本数据，读者可以根据这些样本数据的格式，把自己要分析的数据整理成同样的格式，这样就能直接使用该程序包了。另一个是 fitters 文件夹，其中包含几个定义好的适配器（fitter），即“BetaGeoFitter”“ParetoNBDFitter”“GammaGammaFitter”“ModifiedBetaGeoFitter”“BetaGeoBetaBinomFitter”。

其他的文件或者用于解释，或者用于提前定义函数，最主要的是上述几个文件。

图书在版编目（CIP）数据

数据时代的顾客关系管理及模型/韩冀东著．-- 北京：中国人民大学出版社，2022.1
（百家廊文丛）
ISBN 978-7-300-29910-5

Ⅰ.①数… Ⅱ.①韩… Ⅲ.①企业管理－销售管理－数据模型 Ⅳ.①F274

中国版本图书馆 CIP 数据核字（2021）第 195815 号

百家廊文丛
数据时代的顾客关系管理及模型
韩冀东　著
Shuju Shidai de Guke Guanxi Guanli ji Moxing

出版发行	中国人民大学出版社		
社　　址	北京中关村大街 31 号	**邮政编码**	100080
电　　话	010－62511242（总编室）		010－62511770（质管部）
	010－82501766（邮购部）		010－62514148（门市部）
	010－62515195（发行公司）		010－62515275（盗版举报）
网　　址	http://www.crup.com.cn		
经　　销	新华书店		
印　　刷	唐山玺诚印务有限公司		
规　　格	160 mm×230 mm　16 开本	**版　　次**	2022 年 1 月第 1 版
印　　张	12.75 插页 2	**印　　次**	2022 年 1 月第 1 次印刷
字　　数	192 000	**定　　价**	69.00 元